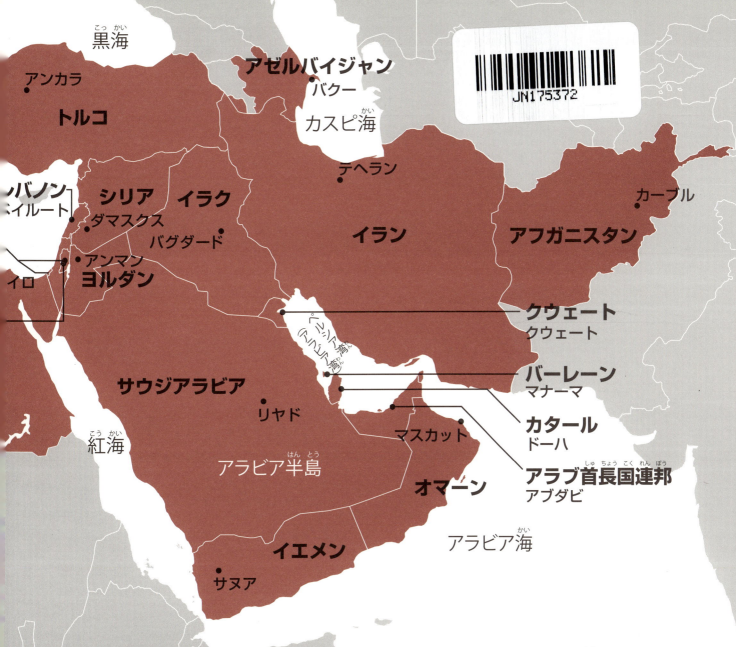

黒海
こっかい

アンカラ

トルコ

アゼルバイジャン
バクー

カスピ海
かい

テヘラン

カーブル

レバノン
ベイルート

シリア
ダマスクス

イラク
バグダード

イラン

アフガニスタン

カイロ

アンマン

ヨルダン

クウェート
クウェート

バーレーン
マナーマ

サウジアラビア

ペルシア湾
（アラビア湾）

リヤド

カタール
ドーハ

アラブ首長国連邦
しゅ ちょう こく れん ぽう
アブダビ

紅海
こう かい

アラビア半島
はん とう

マスカット

オマーン

イエメン

アラビア海
かい

サヌア

インド洋
よう

地図で見る中東
ち ず み ちゅう とう

中東は、中央アジア南部から、アラビア半島、ペルシア湾沿
ちゅう とう　　ちゅう おう　　　　なん ぶ　　　　　　　　はん とう　　　　　　わん えん
岸、地中海東岸、さらには北アフリカにまたがる地域です。こ
がん　ち ちゅう かい とう がん　　　　　きた　　　　　　　　　　　　ち いき
の本では、東はアフガニスタンから西はモロッコ、北はトルコ
ほん　　　ひがし　　　　　　　　　　　　にし　　　　　　　　きた
から南はイエメンまでの国々をふくめて紹介しました。
みなみ　　　　　　　　　くに ぐに　　　　　　しょう かい

※1 パレスチナを国家とみとめている国もあるが、日本はみとめていない。
こっ か　　　　　　　くに　　　　　　にほん
※2 自治政府所在地。
じ ち せい ふ しょ ざい ち
※3 イスラエルは首都と主張しているが、日本をふくめ国際的にはみとめられていない。
しゅ と　しゅ ちょう　　　　　　にほん　　　　こく さい てき

Q&Aで知る中東・イスラーム 1

監修：宮田律　現代イスラム研究センター理事長

なにがおきてる？

現代の中東ニュース

Q&Aで知る 中東・イスラーム

1

なにがおきてる？
現代の中東ニュース

監修のことば

現代イスラム研究センター理事長

宮田　律

　中東世界は、2001年の9.11の同時多発テロに報復する対テロ戦争によって大きくようすがかわりました。アメリカは、アフガニスタンのタリバン政権を、同時多発テロをおこしたとされるオサマ・ビンラディンの国際テロ組織アルカイダをかくまったとして軍事的にたおしました。さらに、アルカイダとかかわりがあり、化学兵器などをもっているという理由でイラクのサダム・フセイン政権まで戦争で崩壊させました。しかし、テロをへらしたり、なくしたりするというアメリカの目標に反して、中東世界ではテロがいっそうふえ、テロがおこる地域も広がっています。

　アラブ諸国では、民主主義的ではない政治や独裁体制が多かったのですが、2011年に民主化をもとめる運動が次々とおこりました。しかし、民主主義が実現された国は少なく、新しい独裁体制ができたり、シリアのように紛争に巻きこまれて多くの国民が難民として近隣の国々やヨーロッパにのがれたりするなど、新しい問題もおこっています。

　戦争は、子どもたちの勉強の機会をうばいます。教育がなければ子どもたちは将来よい仕事につくこともできず、失業して戦争やテロをおこなうような暴力的集団で生活手段を得ることを考える人たちも出てくるでしょう。日本は平和で、みなさんは中東・イスラームの世界の子どもたちとは異なり、勉学することもでき、多くの人は不足なく食べものを口にすることもできます。紛争や難民問題などでゆれる中東イスラーム世界の現在のできごとを知ることによって、平和を守り、世界の安定のためになにができるかを考えていただければ幸いです。

もくじ

戦争は勉強時間もうばいます

　2015年11月15日、パキスタンから一人の少女が日本にやってきました。東京都内で開かれるシンポジウムで話をするためです。シンポジウムはイスラーム世界の女性たちが教育をうばわれていることがテーマで、少女はその体験を話すことになっていました。パキスタンの少女といえば、前年に史上最年少でノーベル平和賞を受賞したマララ・ユスフザイ（当時17歳）さんが有名ですが、ナビラ・レフマンさんは「もう一人のマララ」といえるかもしれません。

ナビラ・レフマンさん
日本にやってきたとき、ナビラさんは11歳でした。住んでいたパキスタンの村から首都のイスラマバードに出て、さらにカタールのドーハ経由で日本の空港へと、来日するまでに丸1日以上かかる長旅です。

Q．ナビラさんが受けたという攻撃について、うかがえますか。

　それは2012年10月24日、晴れた日の午後のことです。わたしは外で兄と牛の世話をしていました。30mほどはなれた菜園では、祖母がイスラームの祭日のための野菜をとっていました。そして青空を見上げると、いつものようにアメリカ軍のドローン（無人航空機）がとんでいました。

　ところがドローンがとつぜん、わたしたちをめがけて攻撃をしてきたのです。ドーン、ドーンという音と祖母の悲鳴を聞きながらわたしは衝撃でたおれ、しばらくして顔をあげると祖母の姿が消えていました。兄もわたしもケガをしましたが、なによりも祖母がなくなったことで大きなショックを受けました。なぜなにも悪いことをしていないわたしたちを、アメリカ軍は攻撃したんだろうと悲しくてなりませんでした。

　父の話では、アメリカ軍は「一台の車を標的にして攻撃したところ、そこにたまたま人がいた」と説明したそうですが、その日は家の近くには一台の車も走っていませんでした。説明はうそで、わたしたちはねらわれたのです。

Q．2013年にアメリカの議会でスピーチをしたそうですが、どんな反応でしたか。

　出席した議員はたった5人で、ドローンの被害者への反省のことばもなく、わたしが「ドローンよりも教育にお金を」とうったえても反応はありませんでした。マララさんはオバマ大統領（当時）からホワイトハウスに招かれ、国連でもスピーチをする機会があたえられました。彼女はアメリカの敵である武装組織の被害者ですが、わたしはアメリカのドローンの被害者なので、わたしの声に耳をかたむけることは、アメリカのあやまちをみとめることになるからだと思いました。

Q. 戦争がなければ、どんな職業につきたいと思っていましたか。

　教師か、医者です。父は農業をしながら小学校の教師をしていました。祖父は小学校の校長で、父の兄弟全員が教師になりました。なくなった祖母は、わたしにいつも勉強をすすめてくれました。でもわたしたちが住む部族社会では古いしきたりがのこっていて、女性が教育を受けて社会に出ることへの反感が強いのです。マララさんが武装組織にねらわれたのも、彼女が女子教育の必要性をうったえたことが原因のひとつでした。

　2014年6月からパキスタン政府軍が武装組織に対して大規模な軍事作戦をはじめたため、わたしたちは国内避難民になりました。いま住んでいるところも、学校の建物がこわれているため通学できません。生活を大きくかえるためには、どうしても教育が必要です。戦争は、教育を受けて社会のためになる仕事をしたいという夢さえ見ることをゆるさないのです。

Q. 日本でうったえたいことは、どんなことでしょうか。

　ドローンは、罪のない子どもたちをころしています。なぜ関係のない人が死ななければならないのでしょうか。ドローンのせいで、わたしたちは勉強する時間までうばわれてしまいました。わたしの地元ではきちんとした教育を受ける環境がありませんから、しっかりした教育を受けたいのです。勉強がしたいです。戦争に大金を使うんだったら、そのお金を教育や学校に使うべきだと思います。日本のみなさんには、戦争という危機的な状況から脱するためにこそ、教育が必要ということをうったえたいのです。そして日本政府には、攻撃をはやくやめるようにアメリカ政府にいってほしいのです。

Q. 日本にはどんな印象を受けましたか。

　日本はとっても平和です。新幹線も自動販売機もびっくりしました。浅草や京都もすばらしいところでしたが、広島で原爆資料館を見学したときは、とてもおどろき、胸がしめつけられる思いがしました。

　子どものときに原爆の被害にあった小倉桂子さんにお会いしうかがった話は、自分の心の痛みを忘れるくらい悲しいものでした。小倉さんは「広島や長崎の人たちは原爆という悲惨な体験をしましたが、けっしてアメリカに報復しようとはしませんでした」といいました。そんなきれいな心が、きっと日本に平和をもたらしたのでしょうね。戦争にはぜったい反対という思いは、日本にきてますます強く深くなりました。

ナビラさんが生まれ育ったグンディ・カラ村
アフガニスタンと国境を接する連邦直轄部族地域にある。この地域にはパキスタン中央政府の支配がおよばないため、テロリストがまぎれこんでいるとしてアメリカ軍がドローン攻撃を展開してきた。

ナビラ・レフマン
2004年、パキスタンのグンディ・カラ村で生まれる。2012年12月、アメリカのドローンのミサイル攻撃で祖母のモミナ・ビビさんが犠牲となり、自らも負傷した。2013年ミサイル攻撃の停止を米国下院公聴会でうったえる。2015年11月来日、戦争よりも教育をと説く。

来日したナビラさんのポートレイト

シンポジウム会場で
ナビラさん（中央）と父親のラフィークさん（右）。「なぜ、たくさんのお金を戦争に使って、教育に使わないのですか」とうったえた。

広島の原爆の慰霊碑に献花
広島平和記念資料館も訪問し、「広島ではわたしよりもっと小さい子がきずついたのを見て、自分の痛みを一瞬忘れました」と話した。

京都の金閣寺で
「まるで楽園のよう」と黄金にかがやく金閣寺に大感激した。イスラーム世界では、一般的に金をとうとぶ価値観がある。

この本の使い方

この本では、現代の中東の問題について紹介します。1見開きごとの「Q&A」形式となっていて、写真や絵をそえてくわしく解説しています。

年代
そのできごとがおきた年代です。

関連ページ
くわしく解説しているページを表しています。

欄外コラム
ためになる豆知識の紹介、文中に出てくる用語の解説をしています。

🌱 豆知識

✏️ 用語解説

質 問
Q タイトルは、質問形式で見開きのテーマを表しています。

答 え
A 質問に対する答えです。ページ全体でくわしく解説しています。

コラム
関連することがらを、よりくわしく解説しています。

●基本的な用語の説明

中東……中央アジア南部から、アラビア半島、北アフリカにまたがる地域のこと。この本の前見返しに地図があります。

イスラーム……7世紀におこった、世界で16億人が信じる大きな宗教。イスラム教、イスラーム教ともよばれる。

ムスリム……イスラームを信じている人々のこと。イスラーム教徒。中東や東南アジアに信者が多い。

スンナ派……イスラームの2大宗派のひとつ。スンナは慣習という意味。中東でのおもな大国はサウジアラビアやトルコなど。

シーア派……イスラームの2大宗派のひとつ。シーアは党派という意味。中東でのおもな大国はイラン。

メッカ……サウジアラビアにあるイスラーム最大の聖地。預言者ムハンマドがはじめて啓示を受けた。

テロ……目的を達成するため、組織的に多くの人々に恐怖をあたえること。ハイジャックや誘拐、自爆など。

過激派組織……イスラームの教えを暴力やテロで広めて、社会を変えようとする組織。アルカイダやタリバンなど。

難民……紛争や迫害などの危険から逃げるために他国に移住する人々。国内で避難する人々は「国内避難民」とよぶ。

> この本では、イスラーム教を「イスラーム」、イスラーム教徒を「ムスリム」、コーランを「クルアーン」と表記しています。

シリーズ「Q&Aで知る中東・イスラーム」全5巻

この巻では、911以降の21世紀の中東について紹介していくよ。

三日月先生

その生徒たち

1章 911からはじまる新たな世紀

▲アフガニスタン北東部の山岳地帯、ワハーン回廊の子どもたち。パキスタンとの国境も近い。

©Alamy/PPS通信社

911 同時多発テロって、なに？

● 21 世紀の最初の年におきた大事件

　2001 年 9 月 11 日、人々をふるえあがらせるニュース映像が、世界じゅうをかけめぐりました。それは、アメリカのニューヨークにある 2 つの超高層ビルに旅客機が突入し、建物が燃えおちてゆく光景でした。それから間もなく、首都ワシントンの国防総省の建物にも飛行機が突入したことで、この事件が同時多発テロとわかりました。犯人はムスリム（イスラーム教徒）の過激派からなる国際テロ組織で、民間の旅客機 4 機を乗っとって突入したのです。

燃えあがるニューヨークの超高層ビル群
地上 110 階だての世界貿易センタービル 2 棟に突入した旅客機によってビルが炎上し、一帯が煙につつまれた。

©Alamy/PPS 通信社

民間旅客機 4 機をハイジャックして決行

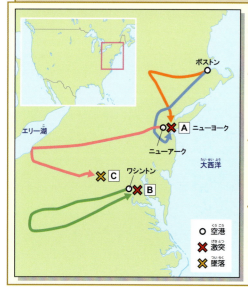

ボストン発
アメリカン航空
11 便
⇒
8 時 46 分　A　ニューヨーク
世界貿易センタービル北棟に突入

ボストン発
ユナイテッド航空
175 便
⇒
9 時 3 分　A　ニューヨーク
世界貿易センタービル南棟に突入

ワシントン発
アメリカン航空
77 便
⇒
9 時 38 分　B　ワシントン
国防総省（ペンタゴン）ビルに突入

ニューアーク発
ユナイテッド航空
93 便
⇒
10 時 3 分　C　ピッツバーグ付近に墜落
ワシントンのホワイトハウスか連邦議会議事堂をねらったとされる

（地図内ラベル）
ボストン
エリー湖
ニューヨーク
ニューアーク
ワシントン
大西洋
○ 空港
✕ 激突
✕ 墜落

911 同時多発テロの犠牲者
旅客機 4 機の乗員・乗客 246 人、国防総省職員 125 人、世界貿易センタービルにいた 2602 人、ニューヨーク市の消防士・警察官 366 人など、合計で 3000 人以上もの人々が犠牲になった。犠牲者のなかには日本人も 24 人いた。

A

過激派が旅客機をハイジャックして、アメリカの中心都市をねらったテロ事件のことなんだ。

©Alamy/PPS通信社

©Alamy/PPS通信社

消火や救助作業をする人々
ニューヨーク市の消防士や警察官、救助犬も出動して決死の作業にあたった。

火災は8時間もつづいたそうよ

グラウンド・ゼロ
旅客機2機が突入した世界貿易センタービルの跡地は「グラウンド・ゼロ」（爆心地）とよばれた。

911 メモリアルパーク

世界貿易センタービルがたっていた場所は現在、「911メモリアルパーク」という公園になっています。園内には、なくなった人の名前を記した銘板や祈念スペースがあります。その周辺には、新しい超高層ビルがたくさんたてられました。

littlenySTOCK/Shutterstock.com

グラウンド・ゼロを中心にしてつくられた公園。

●テロとの戦いを宣言した アメリカ大統領

この同時多発テロでは、アメリカ経済の象徴といえる世界貿易センタービルと、軍事の象徴である国防総省の建物がねらわれました。国防総省の近くにはホワイトハウスや連邦議会議事堂があり、これらも標的になっていたとされています。

同時多発テロをアメリカのブッシュ大統領（当時）は、サウジアラビア出身のオサマ・ビンラディン（→12ページ下）を指導者とする国際テロ組織アルカイダの犯行と断定しました。ビンラディンは、イスラーム（イスラーム教）の聖地があるサウジアラビアにアメリカが軍事基地を置いたことに反発し、たびたびテロ事件をおこしていたのです。

ブッシュ大統領は、この同時多発テロを「21世紀最初のアメリカにしかけられた戦争」として、テロ組織やその支援国に対する報復の戦いを宣言しました。

この事件をテーマにした映画
おもな作品に、「華氏911」（2004年）、「ワールド・トレード・センター」（2006年）、「ユナイテッド93」（2006年）、「ものすごくうるさくて、ありえないほど近い」（2011年）、「ナインイレヴン 運命を分けた日」（2017年）などがある。

911のテロは、なぜおきたの？

●アルカイダとアメリカの関係

　911同時多発テロをおこしたアルカイダは、1988年ごろ世界各地からアフガニスタンに集まったイスラーム兵によって結成された組織のひとつです。当時のアフガニスタンでは、ソ連（いまのロシア）軍に支援された共産主義政権と、アメリカに支援されたイスラーム（イスラーム教）勢力が、10年近く内戦をつづけていました。アルカイダも、もともとアメリカから武器を援助してもらい、共産主義政権と戦っていたのです。

　しかし、1990年にイラクがクウェートに侵攻すると、翌年、アメリカはクウェートを支援し、サウジアラビアの基地からとびたった飛行機でイラク軍を爆撃しました（湾岸戦争→2巻44ページ）。それをきっかけに、アルカイダは、アメリカを反イスラーム勢力とみなし、アメリカに対するテロ事件をおこすようになりました。

そのころソ連とアメリカが争っていたんだね

●国内を制圧したタリバン

　いっぽう、アフガニスタンでは1989年にソ連軍が撤退、1992年には共産主義政権がたおれましたが、国内ではさらに内戦が激しくなりました。そうしたなかで1994年ごろに結成されたのが、イスラーム原理主義（→右ページ下）組織のタリバンです。タリバンとは、アラビア語で「神学生」という意味で、パキスタンとアフガニスタンの国境付近のイスラーム神学校の学生グループがもとになっていました。

　タリバンは、内戦のつづくアフガニスタンで国土と国民生活の立てなおしをうったえながら、アルカイダなどの支援を受けて進撃をつづけました。やがて、1996年には首都カーブルを制圧して、イスラーム政権の成立を宣言しました。

©UIG/PPS通信社

1989年、アフガニスタンから撤退するソ連軍
当時のソ連はアメリカと冷戦とよばれる対立関係にあったため、アフガニスタンの共産主義政権の要求で侵攻したものの、10年間の紛争のすえに、撤退することとなった。

©Bridgeman Images/PPS通信社

山岳地帯で共産主義軍と戦うムジャヒディン
野山でくらしながら、ソ連軍や共産主義政権軍とゲリラ戦をおこなった。イスラームの教えにしたがいジハード（聖戦→28ページ下）をおこなうもの、という意味のムジャヒディンともよばれた。

1996年ごろのアフガニスタン
北部同盟とよばれるイスラーム勢力が北部を支配し、南部はイスラーム原理主義のタリバンが支配地を広げていた。

トルクメニスタン
タジキスタン
イラン
カーブル
アフガニスタン
パキスタン

■北部同盟の支配地
■タリバンの支配地

宗教をみとめなかったソ連
社会主義運動に大きな影響をあたえた思想家のカール・マルクスは、宗教を否定することばをのこした。その考え方を受けついだ、共産主義国家のソ連は、宗教をみとめないだけでなく、しばしば宗教活動の弾圧をおこなった。

●アメリカに衝撃をあたえた

タリバン政権ができると、一時はアフリカのスーダンに拠点を移していたアルカイダも、世界各地からアフガニスタンへもどってきました。結成当時、約2000人といわれたタリバン軍も、その2年後には約2万人にふくれあがっていました。こうしたいきおいに乗って、タリバン政権は、国民が歌や踊り、テレビを楽しんだり、女性が働いたり学校で学んだりすることを禁止するなど、きびしいきまりをおしつけるようになりました。その結果、人々の心はしだいにタリバン政権からはなれていきました。

2001年9月11日、アメリカで911同時多発テロが発生したのは、そのころのことです。アメリカ発展の象徴とされる、ニューヨークの世界貿易センタービルがくずれおちるという衝撃的なテロ事件でした。

アルカイダは湾岸戦争のころからテロをおこなうようになったんだ

写真提供：中司達也

爆破されたアフリカのケニアのアメリカ大使館
1998年8月7日午前10時40分、ケニアの首都ナイロビのアメリカ大使館に爆薬をつんだトラックが突入して爆発し、建物がくずれおちた。大使館員をふくむ死者は291人、負傷者は5000人以上。同じ日の同じ時刻にタンザニアのアメリカ大使館でもトラックによる自爆テロが発生。やり方が同じことから、両方ともアルカイダによるテロと判断された。

911同時多発テロのきっかけとなった湾岸戦争

イスラーム原理主義組織アルカイダの指導者オサマ・ビンラディンの家は、サウジアラビアの大富豪でした。1979年に宗教をみとめない国ソ連がアフガニスタンに侵攻すると、アフガニスタンへ行き、アメリカと協力して反ソ連ゲリラ活動を指導するようになったのです。

ところが、1990年イラクが隣の国クウェートに攻めこんだことがきっかけで、翌年湾岸戦争がはじまると、アメリカの爆撃機が、イスラームの二大聖地メッカとメディナのあるサウジアラビアの軍事都市からとびたって、連日イラク軍を空爆するようになりました。これを知ったビンラディンは、アメリカがイスラーム世界をよごしたとして、アルカイダをアメリカを攻撃するテロ組織にしたとされています。

サウジアラビアの軍事都市キング・ハリド
アメリカが建設した軍事拠点で、約6万5000人が住むことができる。湾岸戦争のときには、アメリカ軍や多国籍軍がここを拠点として、作戦をくりひろげた。

バグダード●
イラク
イラン
クウェート
●キング・ハリド
軍事都市
サウジ
アラビア
●リヤド

©Science Source/PPS 通信社

湾岸戦争で発生したクウェートの油田火災
アメリカ軍などの多国籍軍の空襲を受けて、イラク軍は敗戦濃厚となり、クウェートの油田に火をつけて退却した。

イスラーム原理主義
イスラーム諸国が西洋文明の影響を受けた20世紀以降、それに反発してイスラームの本来の信仰にもとづく国家づくりを主張する声がたかまった。こうした原理主義のなかから、目的を達成するためにはなにをしてもよいという過激思想がうまれた。

アフガニスタン戦争は、なぜおきたの？

●タリバン政権への報復戦争

アメリカの同時多発テロ事件から約1か月後の2001年10月7日、アメリカ軍はアフガニスタンへの攻撃を開始しました。アフガニスタンの国政をおこなっていたタリバン政権が、テロ事件の首謀者オサマ・ビンラディン（→下）をかくまっていたからです。タリバンは、ビンラディンや過激派アルカイダを客人として保護していました。

強大なアメリカ軍は、タリバンと対立していた北部同盟という武装組織といっしょに戦い、2か月ほどでタリバンの支配地の大半を失わせました。それでもタリバンの一部やビンラディンは、パキスタンとの国境に逃げこむなどして、生きのびました。

アフガニスタンでは2004年1月に共和制・大統領制のもとで憲法が公布されましたが、その後もたびたびタリバンによるテロ事件がおきています。

アフガニスタンはパシュトゥーン人、タジク人、ハザーラ人など、多くの民族が集まってできた国だよ

かくすな！

アメリカのブッシュ大統領

アフガニスタンのタリバン政権

911同時多発テロの容疑者とされるビンラディン

ブッシュ大統領はタリバン政権にビンラディンの引きわたしをせまった。

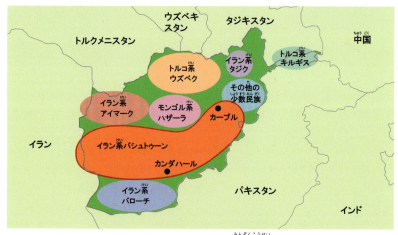

アフガニスタンの民族構成
民族構成の複雑さが、戦争を長びかせることにもなった。

●火だねをのこしたアフガニスタン戦争

アメリカ軍とヨーロッパ多国籍軍との共同作戦にもかかわらず、ビンラディンをとりにがしたことは、アメリカのテロとの戦争をさらに長びかせることになってしまいます。アメリカや多国籍軍のアフガニスタン攻撃は世界じゅうの人々の支持を受けてはいたものの、その一面ではイスラーム勢力とキリスト教軍の戦争との印象も強く、イスラーム諸国の反発を買うことになったからです。

タリバン政権崩壊後の翌年にはアメリカ軍の支援のもと、ハーミド・カルザイを大統領とする移行政権が誕生して、2004年には正式なカルザイ政権が誕生しました。しかし、アフガニスタンでは、その後タリバン軍やアルカイダの残党が勢力を回復しているといわれています。

©Alamy/PPS通信社

アメリカ兵をものかげから見守るアフガニスタンの子ども。

オサマ・ビンラディン
過激派アルカイダの司令官として、多くの国際的なテロ事件を指揮したとされる。911同時多発テロの首謀者としてアメリカから最重要指名手配者の一人とされ、2011年5月、パキスタンでアメリカ海軍の特殊部隊によって殺害された。

●終わりの見えないテロとの戦争

アメリカ軍が、アフガニスタンやパキスタンのタリバンを攻撃するために使ったのが、ドローンとよばれる無人航空機です。アメリカ軍は、山岳地帯を拠点に活動するタリバン兵に苦しめられていました。不慣れな土地で多くの味方の兵士が戦死したため、無人のドローンにミサイルなどの武器を積んで、空から攻撃する作戦に切りかえたのです。

ドローンによる攻撃は、遠隔操作によっておこなわれますが、その操作室があるのはアメリカ本土です。一般人の巻きぞえも多く、アフガニスタンでは2001年から2012年のあいだに、戦闘とは無関係な一般住民が、6500人近くもドローン攻撃の犠牲になったという報告もあります。

アメリカ軍は、2018年現在もアフガニスタンで戦争をつづけていますが、いまや「終わりの見えない戦争」といわれるほど、長い戦いになっています。

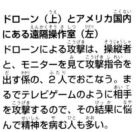

ドローン（上）とアメリカ国内にある遠隔操作室（左）
ドローンによる攻撃は、操縦者と、モニターを見て攻撃指令を出す係の、2人でおこなう。まるでテレビゲームのように相手を攻撃するので、その結果に悩んで精神を病む人も多い。

アフガニスタンで地上戦にそなえるアメリカ兵
タリバン軍との地上戦が多くの犠牲者を生んだ。

ノーベル平和賞を受賞したパキスタンの少女 マララ・ユスフザイ

マララ・ユスフザイさん（当時17歳）

マララさんは、パキスタン出身の社会活動家です。彼女は2009年、11歳のときに、パキスタンのタリバンを批判するブログをインターネット上に投稿していました。当時、タリバンは女性の権利をうばい、女子校を破壊するなど、暴力で地域を支配していたのです。その記事は世界に配信され、大きな話題となりました。

その3年後、タリバンはパキスタンから追放され、学校も再開されましたが、マララさんはその通学途中にタリバンのメンバーによって銃撃され、ひん死の重傷を負ってしまいます。

しかし、奇跡的に回復し、そのあともタリバンのおどしに屈することなく活動をつづけ、ついには2014年、史上最年少の17歳でノーベル平和賞を受賞しました。

そして「わたしはタリバンに復讐したいとは思いません。その子どもたちに教育を受けさせたいのです。一人の子ども、一人の教師、1本のペン、それで世界は変えられるのです」とスピーチしました。

いまマララさんは、イギリスで大学生活を送っています。

民間にも普及しはじめたドローン
ドローン（無人航空機）は、第二次世界大戦中の1944年にアメリカ軍が開発した「BQ-7」が最初といわれる。その後、おもに軍事用に開発されてきたが、日本は世界に先がけて民間で活用するようになり、農薬散布、警備などで活用されている。

イラク戦争は、なぜおきたの？

©Alamy/PPS 通信社

2003 年のイラク戦争のようす
3 月、イギリス陸軍がイラク南部の町バスラ郊外にせまるなか、戦火からのがれて避難する親子。

●イラクは「ならず者国家」？

　1991 年の湾岸戦争（→ 2 巻 44 ページ）のあと、国際連合（→下）は、イラクに対して毒ガスや細菌を使った生物化学兵器、および核兵器の製造計画の中止を義務づけました。フセイン大統領が独裁をつづけているイラクは、国連による査察を受けいれましたが、調査を妨害することも多く、大量破壊兵器をつくっているのではないかと、つねに国際社会からうたがいの目を向けられてきました。

　とくにアメリカは、2001 年の同時多発テロ以降、遠くはなれた国からも攻撃を受ける可能性がある、と強く考えるようになります。

　そして 2002 年、アメリカのブッシュ大統領はイラクを「ならずもの国家」として強く非難し、アフガニスタンにつづく、対テロ戦争の標的としたのです。

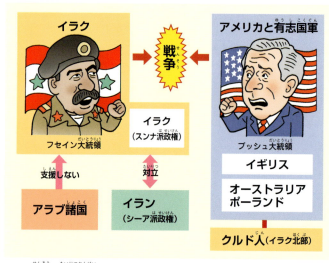

イラク戦争の対立関係
イラク戦争で、イラクはアラブ世界のなかで孤立していた。スンナ派政権のイラクは、シーア派のイランとは長く対立関係にあっただけでなく、ほかのアラブ諸国からも助けを得ることができなかった。

国際連合
1945 年 10 月、第二次世界大戦を防げなかった国際連盟の反省をふまえ、世界の平和と安全を維持するために設立された国際機構。設立当時 51 か国だった加盟国は、2018 年時点で 193 か国となっている。日本は 1956 年 12 月に加盟した。

●疑惑のまま開戦へ

イラクがほんとうに大量破壊兵器を持っているかどうかは、わかりませんでした。2003年3月、アメリカは国連の決議もとらないまま、イラクのバグダードへ空爆を開始します。

攻撃には有志国として、イギリスやオーストラリアなど、またイラク北部のクルド人（→30ページ）などが参加し、圧倒的な兵力をもって約1か月でイラク全土を制圧しました。フセイン大統領はバグダードから逃亡しました。

戦争終結宣言後、アメリカはイラクの民主化に向けて、2005年に憲法を制定させました。しかし、アメリカ軍に対するテロがひんぱんにおこるなど、イラク国内は混乱をきわめます。

●宗派争いから内戦に

イラクはもともと国民の大多数がシーア派でしたが、フセイン大統領は少数派のスンナ派による政府をつくって、シーア派の国民をおさえつけていました（シーア派・スンナ派→26ページ）。2003年にフセインがアメリカによって首都バグダードから追い出されると、シーア派の人々はアメリカの力を借りて、政府内のスンナ派を追い出し、シーア派による政府をつくります。しかし、これに反発したスンナ派の反政府組織が、シーア派と衝突するようになりました。

こうした混乱につけこんで、アルカイダ（→10ページ）などアメリカに反対する武装組織が、国外からはいりこんでしまいます。爆弾テロがひんぱんにおきて、イラクは内戦状態におちいってしまいました。

イラクは、アメリカのはじめた戦争が原因で、武装組織が激しく活動する、とても治安の悪い国になってしまったのです。2003年から2011年までに犠牲になったイラク人は、50万人以上といわれています。

また、イラク戦争が終わると、イラクが国内にかくしもっているとされた生物兵器や化学兵器、核兵器などの大量破壊兵器の調査がおこなわれました。しかし、それらを発見することはできませんでした。ブッシュ大統領はのちに「（大量破壊兵器疑惑は）アメリカの情報活動の失敗だった」と発言しています。

©Alamy/PPS通信社

負けたフセイン大統領の銅像をたおす男たち。

アメリカの帰国兵が苦しんだ心のきず

©Joseph Sohm/PPS通信社

戦死した兵士たちの靴。

アフガニスタン戦争とイラク戦争のアメリカ軍の戦死者は、およそ6300人といわれています。また、このふたつの戦場から帰国した兵士約135万人のうち、21万人をこえる人が、戦場で受けたストレスが原因のPTSDとよばれる心のきずで苦しんでいるとされています。このことは、アメリカで大きな社会問題となっています。

アメリカはうそを信じていたの？

サダム・フセインの死
2003年12月13日、フセインはイラク国内のかくれ家に掘られた、地下の穴にひそんでいたのをアメリカ軍にみつかり、逮捕された。裁判では死刑の判決がいいわたされ、3年後の12月30日、バグダードの刑務所で絞首刑になった。

2010〜2011年

「アラブの春」って、なに？

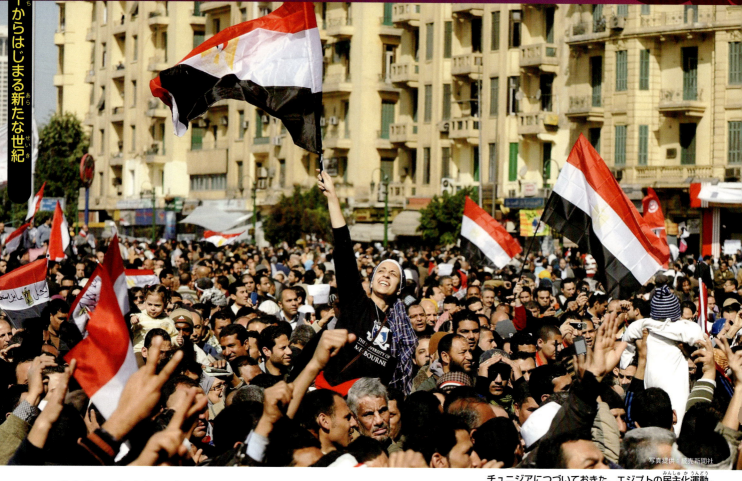

写真提供：読売新聞社

チュニジアにつづいておきた、エジプトの民主化運動。

●一人の青年の死から

　2010年のすえ、北アフリカのチュニジアで一人のムスリム（イスラーム教徒）の青年が、警官に対する抗議の自殺をしました。路上での営業許可がないとして警官に店をとりあげられて悲観し、自ら体に火をつけたともいわれています。

　青年の自殺に衝撃を受けたチュニジアの国民は、その行動に共感を示し、1987年から独裁政治をつづけるベン・アリー大統領に対する抗議のデモをはじめます。このデモは、すぐに国全体に広まっていきました。そして2011年1月、アリー大統領が、あっけないほどはやくサウジアラビアへ逃亡してしまいます。こうして、チュニジアの独裁政治が終わりました。

　この抗議行動は、エジプトなどの独裁政治をしくほかの中東各国へもとび火し、民主化をもとめる大きなうねりとなりました。こうした中東の動きは、国際社会から「アラブの春」とよばれるようになります。これは、1968年におきた民主化運動「プラハの春」（→右ページ下）になぞらえたよび名でした。

©Alamy/PPS通信社

独裁政治をおこなってきたムバラク大統領の退陣をよろこぶ、エジプトの子どもたち。

アラブとは？
アラビア語を話すアラビア人がおもに住む地域で、地理的にはアラビア半島周辺のユーラシア大陸からアフリカ大陸北部にかけての一帯をさす。また、東はイラクからエジプトまで、西はリビアからモロッコまでというように、東西に分ける場合もある。

●次々とたおれる独裁政権

「アラブの春」は、独裁政治に対する民衆の不満が民主化運動として表れたものです。不満の原因は、国王や首長、軍人たちがぜいたくなくらしをするいっぽうで、民衆は貧困や失業などで苦しんでいることでした。

とくに独裁政権が長くつづいた国では、反政府運動は弾圧され、役人の汚職がくり返されるなど、政治が腐敗していました。

「アラブの春」の発端となったチュニジアでは、アリー大統領が23年も独裁者として君臨していました。それがあっという間にたおれたことで、ほかの国の民衆も勇気づけられ、抗議運動が広がっていったのです。エジプトでは30年つづいたムバラク政権がたおれ、リビアでも42年支配してきたカダフィがその座を追われました。イエメンでも22年つづいたサレハ政権が退陣に追いこまれました。

このように独裁政権が次々とたおれるなかで、ほかのアラブ諸国は運動の広がりに危機感をいだき、モロッコのように国王の権限を弱める憲法改正をおこなった国もあります。

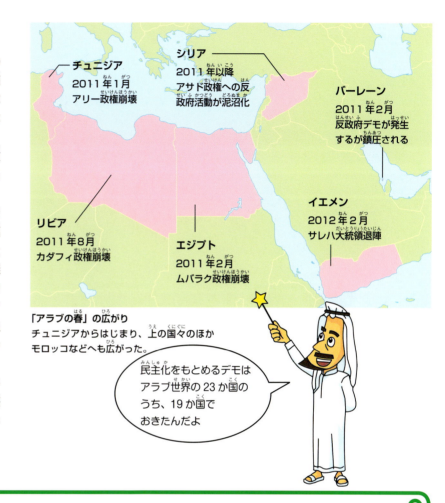

「アラブの春」の広がり
チュニジアからはじまり、上の国々のほかモロッコなどへも広がった。

> 民主化をもとめるデモはアラブ世界の23か国のうち、19か国でおきたんだよ

衛星放送が運動を拡大させた

「アラブの春」のうねりがアラブ諸国にいっきに広がったのは、アル・ジャジーラという衛星テレビ局が報道したため、といわれています。チュニジアの青年（→左ページ）の親族がインターネット上に投稿した自殺現場の写真を最初に放映したのが、この衛星テレビ局でした。

アル・ジャジーラはカタールのドーハに本社があり、アラビア語と英語でニュースなどを24時間放送しています。アラビア諸国には文字が読み書きできない人が多かったため、この衛星テレビ放送は、ニュースをアラブ全域に広める役割をになってきました。「アラブの春」でも、市民グループにカメラ付き携帯電話を持たせるなど、現場から貴重な映像を視聴者に送りつづけました。

Lucian Milasan/Shutterstock.com

王族がつくった放送局
アル・ジャジーラは、1996年にカタールの王族がお金をだしてつくった。設立当初から中東の衛星放送の中心的な役割を果たしてきた。写真は2011年2月、エジプトの政変を伝えるインターネット版のアル・ジャジーラ。

プラハの春
1968年春、チェコスロバキアでおこった民主化運動。主導したのは共産党第一書記のドプチェクで、「人間の顔をした社会主義」という自由化政策をおこなった。これがソ連の反感を買い、首都プラハは20万のソ連・東欧軍に制圧された。

「アラブの春」のあと、各国はどうなったの？

●唯一民主化を実現／チュニジア

2011年1月、ベン・アリー大統領がサウジアラビアに亡命したため、「アラブの春」の先がけになったチュニジアの民主化運動「ジャスミン革命」の目的は、ひとまず達成されました。しかし、その後の民主化は、かんたんではありませんでした。与党と野党が激しく対立して、政治の混乱がつづいたからです。

そうした混乱のなかでも、その年10月には自由な選挙がおこなわれました。2013年には与党と野党の対立の仲立ちをして、対話による解決の手助けをする団体が生まれます。この団体は、人権擁護連盟や法律家協会などの4団体からできていたので、「国民対話カルテット」とよばれました。そのかいあって、翌年1月には新たに民主的な憲法が制定されました。

「アラブの春」がおこった国では、政権の力が弱まると新たな権力争いがはじまり、民主化どころではなくなるというケースがほとんどでした。チュニジアだけが、例外的に民主化を果たしたのです。

カルテットとは音楽用語で四重奏（4人の合奏）という意味ね

2015年にノーベル平和賞を受賞した国民対話カルテット
国民対話カルテットは、チュニジアのジャスミン革命後の2013年夏に結成された。労働総同盟、商工業・手工業経営者連合、人権擁護連盟、全国法律家協会の4つの団体からなり、政治・宗教対立の仲立ち役となって平和的な政権移行を実現させた。

2016年1月、チュニジアの革命5周年を祝う市民。

● 「アラブの春」のあとにきたもの

アラブ諸国には、貧困や失業で苦しんでいる若者がたくさんいます。そうした一部の若者の不満の受け皿となってきたのが、過激派の思想でした。しかし、「アラブの春」は非暴力の民主化運動だったため、多くの若者の共感を得たのです。

その意味で「アラブの春」はアラブ諸国に大きな変革のうねりをもたらしたのですが、かならずしも成功したとはいえません。チュニジア以外で独裁政権がたおされた国々は、民主的な政権に移行する方法や、それをになう受け皿がなく、政治的・地理的な空白が生まれてしまいました。そこにそれまでおさえこまれていた過激派がはいりこみ、力をつけたことでシリア（→24ページ）やイエメンでは内戦状態におちいるという悪循環がおきてしまったのです。

ムスリム同胞団
1928年、エジプトで結成されたイスラーム原理主義組織。民衆にイスラーム法（シャリーア）の実践を説きながら、奉仕活動をおこなってきた。そのネットワークはアラブ諸国に拡大したが、一部には過激派としてテロ活動をする集団もある。

A
民主化に成功したのはチュニジアだけ。政治が混乱して内戦がおきてしまった国が多いんだ。

●民主化ならず／エジプト

エジプトでは2011年1月、大規模な反政府デモがおき、30年あまり独裁政治をおこなってきたムバラク大統領が退陣しました。翌年6月、初の民主的な選挙では穏健派のムスリム同胞団（→左ページ下）が立てたムルシ大統領が選ばれました。

しかし、宗教色の強い憲法をおしつけたり、経済の立てなおしに失敗するなどで政権運営に行きづまり、就任1年で軍事クーデターによって退陣させられました。

その後、クーデターを指揮した軍人のシシ将軍がそのまま大統領になりましたが、反政府デモの禁止や報道規制を強めるなど、独裁にもどったかのような政治をおこなっています。

ムルシ大統領を支持するデモ
2013年7月、エジプトの首都カイロでムルシ大統領を支持する大規模なデモがおこなわれた。これに対して軍の治安部隊が攻撃したため、死者100人前後、負傷者数千人という大惨事になった。
©Alamy/PPS通信社

●権力争いが激化／リビア

チュニジアの隣国リビアでは、軍人出身のカダフィが42年におよぶ独裁政治をおこなっていました。「リビアの暴れん坊」とよばれたように、その過激な言動はアラブ世界でとびぬけていて、アメリカは中東の危険人物としていたのです。

アメリカやNATO諸国は、「アラブの春」ではカダフィをたおすことを考え、反体制グループの支援に回りました。2011年8月、リビア内戦の結果、カダフィ政権が崩壊し、新政府ができました。

しかし、その後に権力争いがおきて、国内の情勢は混乱し、国連の仲立ちで統一政府の樹立を進めています。

独裁者カダフィ
1969年、クーデターによって政権をうばう。国名を「リビア・アラブ共和国」、「社会主義リビア・アラブ・ジャマーヒリーヤ国」と2度にわたって改称する。自らを革命最高指導者と称していたが、失脚後に殺害された。

●無政府状態がつづく／イエメン

アラビア半島の南端部に位置するイエメンでは、2011年2月、22年間も独裁政権をつづけてきたサレハ大統領に対する反政府デモがおきました。翌年、サレハ大統領は退陣に追いこまれ、選挙によって新たにハディ暫定大統領が選ばれました。

ところが、政府の力が弱まったことで国内は部族の権力争いの場になり、さらにアルカイダやIS（→29ページ）などの過激派組織が加わって、内乱がはじまります。

2015年1月、武装組織フーシがクーデターをおこし、ハディ暫定大統領がサウジアラビアにのがれると、イエメンは内戦状態になってしまいました。

サウジアラビア軍の空爆で破壊された建物
イエメンの内戦は、フーシのせん滅をはかるサウジアラビアとフーシを支援するイランの代理戦争でもある。この内戦でアメリカは、サウジアラビアに武器を提供し、支援している。
©Alamy/PPS通信社

●王政と共存できるか？／モロッコ

アフリカ北西部のモロッコ王国では、「アラブの春」がおきたとき、若者たちが中心になって、国王に強大な権限をあたえていた憲法の改正をもとめるデモがおきました。

国王モハメッド6世は1999年7月に即位した若い君主で、貧困撲滅、失業・雇用などの社会問題や教育問題に関心が高く、日本食が好きなことでも知られています。

2011年に、国王が若者たちの要求を受けいれて、自らの権限を弱める憲法改正に合意しました。王政と民主化がほんとうに共存できるのかを、アラブ世界は興味をもって見ています。

憲法改正をもとめる若者のデモ
2011年2月、インターネット上でのよびかけで集まった数千人の若者たちが、民主的な憲法制定をもとめて抗議デモをおこなった。これを受け、国王は憲法改正を提案し、この年7月、国民投票が実施された。
©Alamy/PPS通信社

イエメンの女性活動家　タワックル・カルマン
1979年生まれの女性ジャーナリスト、タワックル・カルマンは、改革をもとめる平和的なデモをうったえつづけたことから「革命の母」とよばれた。2011年、イエメン人初のノーベル平和賞を受賞した。

中東での国連平和維持活動

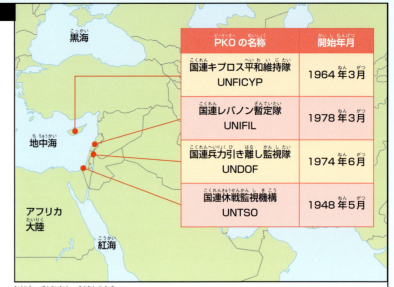

PKO の名称	開始年月
国連キプロス平和維持隊 UNFICYP	1964 年 3 月
国連レバノン暫定隊 UNIFIL	1978 年 3 月
国連兵力引き離し監視隊 UNDOF	1974 年 6 月
国連休戦監視機構 UNTSO	1948 年 5 月

中東で展開中の国連 PKO は 4 つ。

■国連加盟国が自発的に参加

　国際連合（→ 14 ページ下）は、1948 年 5 月から世界の紛争地で平和維持活動（PKO）を進めてきました。PKO は、戦争をしている国同士で戦争をやめようという合意ができたとき、その約束を守らせるために国連加盟国が自発的に参加しておこなわれるものです。この活動は、武器を持たない停戦監視団と、武器を持って出動する平和維持軍のふたつに大きく分けられます。

　これまでの国連 PKO は、アフリカと中東が圧倒的に多く、2018 年 1 月現在展開している 15 のミッションのうち、アフリカが 8、中東が 4 です。

　このなかで国連休戦監視機構は、イスラエルとアラブ諸国の紛争をきっかけに設立された、もっとも古い国連 PKO です。その活動は、約 70 年たった現在もつづいており、このことからも中東での紛争の根がとても深いことがわかります。

©AGE/PPS 通信社

ゴラン高原で監視活動中の国連の装甲車

シリアのゴラン高原は、イスラエルが占領してしまったため、シリアとのあいだで紛争がつづいている。この地域の PKO である国連兵力引き離し監視隊には、日本の自衛隊も参加した（1996 年 2 月〜2012 年 12 月）。しかし、シリア内戦の影響で危険性がたかまり撤退した。

■日本は 1992 年 9 月から参加

　日本の自衛隊が、PKO への参加を開始したのは、日本で「PKO 法」という法律ができた 1992 年以降です。この年の 9 月、第 2 次国連アンゴラ監視団に 3 人の選挙監視要員と、国連カンボジア暫定統治機構に自衛隊の施設部隊など 600 人が派遣されました。その後現在までに、国連 PKO に約 9000 人が参加しています。

　休戦の合意ができたとはいえ、紛争地の活動は危険が多く、とくに日本の自衛隊の派遣については反対する国民もたくさんいます。

　しかし、日本政府は、平和で安定した国際的環境を守ることで日本の安全が守られるとして、国連 PKO への積極的な参加によって国際貢献をはかろうとしています。

写真／陸上自衛隊ホームページより

中東では 17 年も活動したんだよ

国連 PKO での女性自衛隊員

中東での国連 PKO に日本の自衛隊が派遣されたのは、約 17 年間。2001 年 11 月からはテロ対策特別措置法にもとづく協力支援活動が 6 年間つづいた。2003 年にはイラク難民支援やイラク被災民支援など、中東関連の自衛隊派遣がつづいた。写真は、イラク難民の女の子に折り鶴の折り方を教える陸上自衛官。

2章 混乱する中東の状況

▲シリアのパルミラ遺跡（2006年）。「砂漠の花嫁」とよばれるほど美しい遺跡だったが、破壊された（→25ページ）。

パレスチナ問題って、いったいなに？

●中東の紛争の根っこにある大問題

第二次世界大戦後の1948年、ユダヤ人（→下）が、アラブ人であるパレスチナの人々の住む土地に、イスラエルという国をつくろうとしました。ここはユダヤ人にとって、神ヤハウェが「永久の所有地としてあたえる」と約束した場所だったからです。これに強く反発したアラブ諸国は、イスラエルが独立を宣言した翌日、3方面から攻撃を開始しました（第一次中東戦争→2巻36ページ）。

この戦争では、強力な武器をもつイスラエルが優勢でしたが、国連の調停により休戦となりました。その結果、イスラエルの領土は国連できめられた領土より1.5倍に広がり、そこにくらしていたアラブ人（パレスチナ人）は追いだされて難民となってしまいました。

このパレスチナ問題は、いまも解決されることなく、つねに中東での紛争の根底にあります。

現在のイスラエルの国土と占領地
イスラエルの占領地には、パレスチナ人がくらすガザ地区とヨルダン川西岸の2つの自治区がある。人口は両地区合わせ約495万人で、その半分が15歳以下の子どもとされる。また、レバノン、シリア、ヨルダンとイスラエルの国境が接するゴラン高原は、1967年の第三次中東戦争以降、イスラエルの占領地となっている。

凡例:
- イスラエルによる占領地（1967年〜）
- イスラエルによる占領地（1979年にエジプトへ返還）

ガザ地区に爆弾を落とすのはやめて！とうったえているんだ

©AGE/PPS通信社

ガザ地区攻撃に抗議する少女
2014年1月、イタリア・ローマでおこなわれたデモ行進に、ガザ攻撃に反対するプラカードとパレスチナ自治区の国旗を持って参加した。

● 500万人のパレスチナ難民

パレスチナ問題の解決をさらにむずかしくしているのは、聖地エルサレムをめぐる争いと、イスラエル建国で故郷をおわれたパレスチナ難民の問題です。1964年には難民のなかからパレスチナ解放機構（PLO）が結成されますが、1967年の第三次中東戦争後のイスラエルの占領地拡大とともに、パレスチナ難民はさらに増大しました。イスラエルは、ヨルダン川西岸とゴラン高原南部、東エルサレムなどからパレスチナ人を追いだし、ユダヤ人を住ませる入植地政策を進めてきたのです（→2巻38ページ）。

そのいっぽうで、イスラエルは1990年代にPLOと自治協定をむすんで、ヨルダン川西岸地区やガザ地区でのパレスチナ人による自治をみとめるようになりました（→右ページ下）。それらの自治区には、第一次中東戦争以来70年以上たったいまでも、約200万人ものパレスチナ難民が住み、ヨルダンやレバノンなどの国外をふくめると、難民は500万人に達するといわれています。

ユダヤ人
ユダヤ教を信じている母親から生まれた人、またはユダヤ教に改宗をみとめられた人のことで、人種・民族名ではない。イエス・キリストはユダヤ人によって死刑にされた、という説が原因で、ユダヤ教徒はキリスト教徒から迫害されつづけた長い歴史がある。

A

70年前、中東にイスラエルができて、パレスチナ人が追いだされてしまった。いまだ解決の遠い問題なんだ。

●問題解決への新たな課題

1996年、パレスチナ自治区では選挙がおこなわれ、パレスチナ自治政府が成立しました。

しかし、自治区すべてに自治政府の政治がいきわたったわけではありません。そのなかには、ユダヤ人が住む地域や、イスラエル軍の拠点のある地域もふくまれていたからです。それらの地域は、自治協定では和平交渉が進むとともに、自治政府側に統治権限を移す約束になっていました。

和平交渉が進んで2005年にガザ地区からイスラエル軍は撤退しましたが、そのいっぽうで、イスラエルは2002年からパレスチナ自治区のヨルダン川西岸とのあいだに、巨大な分離壁をつくりはじめました。

さらに2006年にはパレスチナ自治区の選挙で、それまで自治政府の中心となってきた政治勢力ファタハにかわって、イスラーム原理主義政党ハマスが圧勝します。それをきっかけに、翌年この2つの組織のあいだで武力衝突がおこり、ハマスがガザ地区を占領しました。

それ以来、ヨルダン川西岸はファタハが、ガザ地区はハマスが支配することとなりました。

2017年10月、エジプトが仲立ちとなってファタハとハマスのあいだで和平が成立し、2つの地区は、以前のようにパレスチナ自治政府が治めるようになりました。

©AGE/PPS 通信社

高さ8mの分離壁
占領地に住宅をたてて住むユダヤ人の入植地との境界には、巨大な壁がつくられ、町や村が分断されている。

©Alamy/PPS 通信社

「戦争は子どもをころす」と書いたプラカードをかかげるパレスチナの人々。

聖地エルサレムをめぐる首都のうばいあい

中東の都市エルサレム旧市街には、イスラーム（イスラーム教）、ユダヤ教、キリスト教の3つの聖地が集まり（→2巻13ページ）、イスラエルもパレスチナも、ここが自分たちの首都だとゆずりませんでした。そんななか2017年12月、アメリカのトランプ大統領がとつぜんエルサレムを公式にイスラエルの首都とみとめると発表、アラブ諸国は猛反発し、国連総会でも大多数の国がアメリカに反対しました。アメリカは国際社会での孤立を深めることとなりました。

kak2s/Shutterstock.com

①イスラームの岩のドーム、②ユダヤ教の嘆きの壁、③キリスト教の聖墳墓教会

自治協定
1993年の「オスロ合意」（→5巻39ページ）にもとづき、パレスチナ人の行政権や立法権をみとめる協定。パレスチナが自治政府または独立国家になるにはイスラエルとの交渉が必要で、現在パレスチナ人がおこなっている自治は暫定自治とよばれる。

シリア内戦は、なぜおきたの？

●市民を弾圧したアサド政権

シリアは1946年の独立後、中東ではめずらしく宗教にもとづかない国づくりをおこなってきました。1960年代後半にクーデターがおきてハーフィズ・アル・アサドが大統領になると、独裁政治がはじまります。国民の行動は秘密警察に監視され、政府に反対すると弾圧されました。

2000年、つぎの大統領になったのが、眼科医としてイギリスに留学していた次男のバッシャール・アル・アサド（→下）でした。バッシャールは政治改革をおこない、独裁者の父親とはちがう道を歩もうとしていました。

そのとちゅうでおこったのが、「アラブの春」（→16ページ）です。2011年3月、シリアでも政治改革を要求する民主化運動がはじまりました。アサド大統領は、憲法改正をおこなうことで対応しようとしましたが、運動が拡大すると、やがて武力で市民を弾圧するようになります。

●アメリカとロシアが協力

アサド政権が民主化運動を武力で弾圧すると、これに武力で対抗する勢力が現れます。2011年7月には、自由シリア軍が結成され、政府軍とのあいだで本格的な内戦がはじまりました。

さらにアメリカ、サウジアラビア、トルコ、カタールが反政府軍を支援すると、そのいっぽうでロシア、イランはアサド政権を支援するなど、外国もまきこんだ内戦になっていきました。

しかも政府軍と反体制派が戦っているすきに、過激派組織IS（→29ページ）が支配地を広げ、2014年、シリア北部の都市ラッカを一方的に首都と決め、国家樹立を宣言してしまいます。アメリカとロシアは、強い危機感をいだき、ISを共通の敵としました。

その結果シリアは、アレッポでの政府軍と反体制派の戦闘にくわえて、ISに対するアメリカやロシアの空爆などで、国全体が戦場と化してしまいました。

シリア・アラブ共和国
古代オリエント時代には、交通の要所として栄えた。7世紀からイスラーム化が進み、16世紀にはオスマン帝国の進出によって民族や文化の交流がさかんになった。第一次世界大戦後、オスマン帝国のアラブ地域はイギリスとフランスに分割支配された。その後、フランスの委任統治領が1946年にシリア・アラブ共和国として独立した。隣国のイスラエルとは、ゴラン高原をめぐって1967年以来、領土紛争がつづいている（→22ページ）。

©Alamy/PPS通信社

戦乱前の歴史的都市アレッポの街並み
2012年から4年にわたる政府軍と反政府軍の戦闘で、この美しかった街は破壊された。

SNSのツイッターで惨状を伝えた女の子

バナ・アラベドちゃん

2016年11月、内戦がつづくシリアのアレッポにくらす7歳の少女のツイートが、イギリスの放送局によって報道され、世界じゅうの注目を集めました。11月27日には「もう今晩は家がない。爆撃されて、わたしはがれきのなかだった。死んだ人も見たし、わたしも死にかけた」とツイートしました。幸い彼女は生きのびることができ、シリアの現状を世界じゅうに知らせました。

バッシャール・アル・アサド
1965年生まれ。イスラーム少数派のアラウィー派の父親のあとをつぎ、シリア第5代大統領になる。多数派のスンナ派国民などに対して独裁政治をしく。「アラブの春」では民主化デモを武力で制圧。アメリカはシリアを「テロ支援国家」に指定した。

民主化運動を政府がつぶそうとしたので反体制派が立ちあがり、そこへ外国が割りこんできて、内戦になってしまったんだ。

ISなどの過激派は歴史的・文化的な価値をみとめないため、多くの文化遺産が破壊されたんだ

©DeA Picture Library/PPS通信社
©Bridgeman Images/PPS通信社

パルミラ遺跡
シリアを代表する古代ローマ帝国時代の都市遺跡。1980年、ユネスコの世界文化遺産に登録された。右下は、2015年8月過激派組織ISによって破壊されたときのようす。

●最大の人道危機とされる内戦

2017年7月の国連機関の調査報告によると、シリア内戦では6年間でおよそ660万人が国内避難民になり、560万人が難民として国外に逃れました。いまやシリアの全人口の半分以上が、国内避難民や難民になってしまったのです。この内戦は、第二次世界大戦後の最大の人道上の危機とされています。

2017年10月、過激派組織ISはラッカから撤退しました。しかし、シリアの内戦が終わったわけではありません。アサド政権と反体制派の内戦は決着がついていないからです。また、ISの残党もシリア東部でまだ活動をつづけているため、いつ勢力を盛りかえすかわかりません。

さらにアメリカが反体制派への支援をやめて、シリア民主軍への武器支援に力を入れたことも、新たな対立の火だねになるのではないかといわれています。

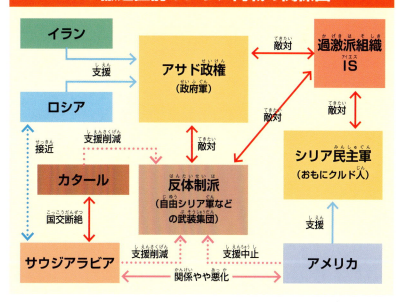

IS撤退直前のシリア内戦の関係図

- イラン → 支援 → アサド政権（政府軍）
- ロシア → 支援 → アサド政権（政府軍）
- アサド政権（政府軍） ←敵対→ 過激派組織IS
- 過激派組織IS ←敵対→ シリア民主軍（おもにクルド人）
- アサド政権（政府軍） ←敵対→ 反体制派（自由シリア軍などの武装集団）
- 過激派組織IS ←敵対→ 反体制派（自由シリア軍などの武装集団）
- カタール ←接近→ 反体制派（支援削減）
- カタール ←国交断絶→ サウジアラビア
- サウジアラビア ←支援削減→ 反体制派
- アメリカ →支援→ シリア民主軍
- アメリカ ←支援中止→ 反体制派
- サウジアラビア ←関係やや悪化→ アメリカ

中東で大きな影響力をもつ国は、どこ？

●サウジアラビアとイランの対立

中東の紛争では、イスラーム（イスラーム教）のスンナ派とシーア派（→3巻19ページ）の対立と表現されることがよくあります。たしかに、両派は仲がよいとはいえません。中東の大国であるスンナ派のサウジアラビアと、シーア派のイランが敵対関係にあるからです。両国の対立には民族的なちがいも影響していて、サウジアラビアはアラブ人、イランはペルシア人が主体の国です。

産油国として大きな経済力をもつ両国は、これまでに何度も衝突をくりかえしてきました。そのたびに、中東地域は混乱を深めたのです。近年ではシリア内戦（→24ページ）で、イランがアサド政権側を、サウジアラビアが反体制派の支援に回るなど対立してきました。そして、2016年1月には国交断絶にまで発展してしまったのです。

●スンナ派がイスラーム多数派

イスラームの宗派は、預言者ムハンマド（→3巻22ページ）以来の慣行にしたがうスンナ派と、ムハンマドの血縁を重視するシーア派に大きく分けられます。両派の対立は、1300年以上にわたってつづいてきました。

近代になってイスラーム世界が多くの国に分かれると、サウジアラビアを中心とするアラブ地域はスンナ派が主流になり、イランはシーア派でまとまりました。

ムスリム（イスラーム教徒）全体の人口の割合では、スンナ派が85％と大多数をしめ、シーア派は少数派ですが、イランは人口約8000万人の大国なので、中東のなかで大きな影響力をもっています。

両派ともアッラーを唯一絶対神とし、聖典『クルアーン（コーラン）』を信じている点は同じです。しかし、サウジアラビアが国教とするワッハーブ派は、スンナ派のなかでもより教えが厳格です。

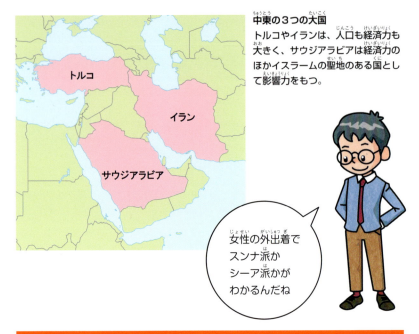

中東の3つの大国
トルコやイランは、人口も経済力も大きく、サウジアラビアは経済力のほかイスラームの聖地のある国として影響力をもつ。

女性の外出着でスンナ派かシーア派かがわかるんだね

スンナ派とシーア派をくらべてみると…

	スンナ（多数派）	シーア（少数派）
おもな民族	アラブ人	ペルシア人
偶像崇拝	厳禁	寛容
祭祀	なし	指導者を追悼
祈り	1日5回	1日3回でもよい

女性の外出着　　レストラン　　インタビュー

スンナ派　目を出すだけの黒いベール
シーア派　髪をかくすだけのベール

スンナ派　男女別で食べる
シーア派　男女がいっしょでよい

×　スンナ派
○　シーア派

若者に広がる神秘主義
初期のムスリムのあいだでおこった思想。断食や礼拝などの5〜10の実践を義務とするスンナ派やシーア派とは異なり、聖句を唱え舞踊することで神と一体になることをめざす。近年、神秘主義にあこがれるムスリムの若者がふえている。

●政教分離の国トルコ

　もうひとつの大国であるトルコは、中東では異質な国です。オスマン帝国時代までのイスラーム世界には宗教上の最高権威であるカリフ（→3巻19ページ）がいて、広大な領地を支配していました。しかし、帝国が消滅してトルコ共和国になると、一転して近代化を進めました。

　1923年にトルコ共和国ができたとき、初代大統領のケマル・アタテュルクはトルコ人の単一民族国家主義とヨーロッパの文化をとりいれ、民族衣装を洋装にかえさせました（→2巻33ページ）。日本の明治維新を参考にしたともいわれています。しかし、ヨーロッパの文化をとりいれたことは、イスラーム文化を否定したことになります。

　また、トルコ人の単一民族主義を強行したことで、クルド人との対立も生まれてしまいました（→30ページ）。トルコはスンナ派が主流の国ですが、政治は宗教と分けておこなう政教分離のため、サウジアラビアとイランとの宗教的対立とは距離を置いています。

イランのシーラーズにあるイマーム・レザー廟
シーア派の聖地のひとつ。シーア派の聖地は、メッカ、メディナ、エルサレムにくわえ、歴代イマーム（シーア派の指導者）の霊廟のあるシーラーズなどの都市もふくまれる。

3大国の国力をくらべてみると…

サウジアラビア王国
スンナ派のひとつ
ワッハーブ派

国土面積	約215万km²	（日本の約5.7倍）
人口 (2016年)	約3228万人	（日本の約4分の1）
おもな民族	アラブ人	
おもな産業	石油産業、石油化学工業	
国民1人あたりの総生産額 (2015年)	年間約230万円	（日本の約半分）

トルコ共和国
スンナ派

国土面積	約78万km²	（日本の約2倍）
人口 (2016年)	約7981万人	（日本の約60%）
おもな民族	トルコ人、クルド人、アルメニア人	
おもな産業	農業、サービス業、工業	
国民1人あたりの総生産額 (2016年)	年間約119万円	（日本の約28%）

スンナ派が主流の国　エジプト、リビア、カタール、イエメン、アラブ首長国連邦、ソマリア、モロッコなど

イラン・イスラーム共和国
シーア派

国土面積	約165万km²	（日本の約4.4倍）
人口 (2016年)	約8000万人	（日本の約60%）
おもな民族	ペルシア人、トルコ人、クルド人	
おもな産業	原油生産、石油関連産業	
国民1人あたりの総生産額 (2016年)	年間約52万円	（日本の約8%）

シーア派が主流の国　イラク、バーレーンなど

国王と首長
中東の国王は政治に強い権力をもつ。なかでもサウジアラビア国王の絶対的権力は、ひときわぬきんでている。そのため、中東諸国ではサウジアラビアに遠慮して、国王でなく首長と名のるケースが多い。首長とは、地方の君主や部族の長を意味する。

Travel Stock/Shutterstock.com

過激派は、どうして生まれたの？

●東西冷戦にはじまる過激派

第二次世界大戦後、世界ではアメリカとソ連（いまのロシア）の2つの大国が大きな力をもっていました。両国は敵対関係にありましたが、直接戦争をしなかったために「東西冷戦」とよばれていました。

やがて両国の勢力争いは、中東にもおよびます。1979年にソ連軍がアフガニスタンに侵攻したことで、アラブ諸国からジハード（聖戦→下）に応じる義勇兵がアフガニスタンに集まり、抵抗したのです（→10ページ）。このとき、ソ連軍と戦うアフガニスタンのムジャヒディンとよばれる戦士たちに武器や資金をあたえ、訓練をほどこしたのは、おもにアメリカでした。

この戦いには、911同時多発テロの首謀者とされるオサマ・ビンラディン（→12ページ下）も参加していました。アメリカがおこしたアフガニスタン戦争（→12ページ）では、皮肉にも過激派はアメリカ軍が以前にあたえた武器を使っています。

©Bridgeman Images/PPS通信社

アメリカ製の武器で戦うアフガニスタンのムジャヒディン
はじめはアメリカなど外国からの資金や武器援助を受けていたが、長びく内戦で資金が不足して、資金を得るため麻薬栽培をみとめたという。

●貧しさや政治への不満が原因

過激派は、ジハードという宗教上の正義をかかげていますが、アフガニスタンでソ連軍と戦った義勇兵のなかには、生活の貧しさから志願をした人も少なくありません。義勇兵になると、お金や食料が支給されたからです。さらに、アフガニスタンで戦って帰国をした義勇兵たちが、それぞれの国に帰って過激派組織をつくりました。

過激派といっても、目的はさまざまです。アルカイダはアメリカやその同盟国、さらにイスラエルをアラブ世界から追いはらおうとしています。パレスチナのハマスやチェチェンの武装集団（→右ページ下）などは、イスラーム（イスラーム教）の教えと民族解放を一方的にむすびつけて過激な活動をしています。

さらに近年、イスラーム諸国では高学歴の失業者がふえています。その結果、政治や社会に強い不満をいだく青年たちが、過激派の思想にそまっていくということもおきているのです。

シリア IS など
ロシア コーカサス首長国
トルコ ヒズボラなど
ウズベキスタン イスラーム運動
中国 東トルキスタン イスラーム運動
パレスチナ ハマスなど
バングラデシュ JMB
アルジェリア アルカイダなど
フィリピン モロ・イスラーム解放戦線
イラク アルカイダなど
パキスタン パキスタン・タリバン運動など
ナイジェリア ボコ・ハラム
イエメン アルカイダなど
タイ パタニ連合解放戦線ミアなど
アフガニスタン タリバンなど
インドネシア ジャマ・イスラミアなど

■ 広い意味での中東地域

世界に広がる過激派の活動地域
最近では、中東（オレンジ色）だけでなく、東南アジアや中央アジア、アフリカなど、発展途上国を中心に過激派組織の活動地域が広がっている。

ジハード（聖戦）
信仰の道において「努力をする」というのが、本来の意味とされる。これを大ジハードとよぶことがあり、それに対して小ジハードは、イスラーム世界に侵入してくる、イスラーム以外の宗教を信仰する異教徒との戦いをさす。

異教徒の軍事介入への報復や、イスラーム社会の現状改革などがきっかけになったんだよ。

過激派組織 IS の兵士たち
イラク戦争後に結成されたアルカイダ系過激派組織。シリア内戦のさなかの2014年6月に、イスラム国を意味する「イスラミック・ステート（IS）」を勝手に名のり、イスラーム世界に衝撃をあたえた。

過激派組織タリバンの兵士たち
アフガニスタン戦争（→12ページ）でタリバン政権が崩壊したあと、タリバンはアフガニスタンの各地でゲリラ活動をつづけ、勢力を回復している。隣国パキスタンでもTTP（パキスタン・タリバン運動）がテロ活動中だ。

●世界に広がるテロリズム

　2001年、アメリカがかかげた「対テロ戦争」は、もともとは911同時多発テロをおこした過激派のアルカイダ（→10ページ）を軍事的に弱体化させるか、組織をなくすことが目的でした。しかし、いまにいたるまで過激派によるテロはつづき、アメリカなど各国がそれに対する報復攻撃をおこなっています。やられたらやり返すという「報復の連鎖」が止まりません。

　さらに、過激派のテロ、とくに自爆テロは、世界じゅうに広がりました。過激派のメンバーは国家をこえて集められ、テロの標的も国家をこえています。このように国境のない戦争は、21世紀にはじまった戦争の特徴とも考えられます。

　過激派がテロをおこすのは、豊かなアメリカやヨーロッパなどの先進国に対して、少ない人数で大きな衝撃をあたえるとともに、イスラーム世界の大衆の支持を得ることが目的です。支持が広がれば、さらに新しい世代の過激派のメンバーが育っていくことになります。テロとの戦いは、おわりのないモグラたたきのようなものです。

過激派に影響をあたえたクトゥブの思想

　クトゥブは、1954年にエジプトの大統領暗殺計画にかかわったとして不当に逮捕され、10年間も獄中生活を送っていました。その間に、多くの仲間がころされ、クトゥブ自身もごう問などを受ける中で、彼はイスラームの教えを正しく実践していない政府に対して武力にうったえる「ジハード論」をつくり出しました。クトゥブの考えるジハードとは神に敵対する悪魔との「心の戦い」を意味します。しかし、そのためには手段を選ばないという過激派の行動原理に、大きな影響を与えています。

サイイド・クトゥブ
（1906〜1966）
エジプト出身。1950〜1960年代にスンナ派の社会・宗教連動組織ムスリム同胞団の指導者として活動した。

チェチェンの武装集団
ロシアからの独立をめざすチェチェン共和国で、イスラーム国家樹立のためにテロ活動をしてきたのが、コーカサス首長国と称する武装集団だ。ロシア治安部隊が指導者らを殺害し、2016年には壊滅状態になったといわれるが、まだ残党がいるとされる。

クルド人って、どんな人々なの？

●独立国家を夢見る

クルド人は長いあいだ、まわりの国から力でおさえつけられてきた人々です。クルド語を話す民族で、おもにトルコ、イラク、イラン、シリアなどにかこまれた山岳地帯にくらしています。人口はおおまかに3000万～5000万人といわれますが、独立した国をもつことはなく、「国をもたない世界最大の民族」ともいわれています。

第一次世界大戦で、それまで中東を支配してきたオスマン帝国（→下）が負けたことで、戦勝国であるイギリスやフランスが、中東のオスマン帝国支配地に一方的に国境線を引きましたが（→32ページ）、それによってクルド人のくらす土地も分断されてしまいました。

国をもたない民族は、かつてのユダヤ人や現在のパレスチナ人のように、力のある国からおさえこまれてしまいます。そのため、クルド人はなんとかして独立国家をつくろうとしてきましたが、いまだ実現はしていません。

● IS をやぶったクルド兵

ごく短い期間ですが、第二次世界大戦中にイランのクルド人自治区が独立を宣言して、マハーバード共和国という国をつくったことがありました（→右ページ下）。こうしたことから、国内にクルド人の民族意識に根づいた独立への思いは、いつ爆発するかわからないとされていて、クルド人をかかえる国々は警戒心をつのらせています。

クルド人は山岳地にくらす人々なので、その武装集団は勇敢でゲリラ戦法が得意です。アメリカはこれを利用して、中東での戦争では地上戦の最前線にいるクルド人に武器をあたえ、過激派組織IS との戦いを支援しました。

シリア内戦では、クルド人主体の民兵組織であるシリア民主軍が、過激派組織IS が自分たちの首都と宣言したラッカ攻撃の最前線で戦って撃破し、その解放に貢献しました（→25ページ）。

クルド人居住地
クルド人は、とくにトルコ、イラク、イランの国境付近に人口が集中しているため、この3か国とは独立をめぐって対立が深まっている。

©Alamy/PPS 通信社

アララト山
トルコ東端にある高さ5137mの火山（上図▲）で、左は高さ3896mの小アララト山。アララト山は『旧約聖書』に出てくるノアの箱舟が流れついた山と伝えられる。

©Alamy/PPS 通信社

イラク北部のクルド人自治区で住民投票を実施
2017年9月、イラクからの独立をめぐる住民投票がおこなわれた。独立に反対するイラク政府は武力による制圧をほのめかしたが、独立に賛成する票が9割以上という結果になった。

オスマン帝国
1299年から1922年までの623年間、アナトリア半島とバルカン半島を中心に栄えたイスラーム国家。第一次世界大戦に参戦して敗れたあと、アナトリア半島のトルコ共和国の成立によって滅亡した（→2巻24～31ページ）。

クルド語を話す人々で、中東に3000万人以上住んでいるよ。でも、国をもつことはみとめられていないんだ。

Procyk Radek/Shutterstock.com

トルコのシュリュジュにある クルド人難民キャンプ
トルコ政府による弾圧や、イラン＝イラク戦争、さらにシリア内戦などで、クルド人難民は数百万人にものぼるとされる。

国をもつことを許されていないなんて…

●トルコ政府との長い対立

クルド人の人口のもっとも多い国がトルコで、総人口の2割近くが住むといわれています。トルコは1923年の建国以来、トルコ人による単一民族主義をかかげてきたため、クルド人という民族の存在をみとめず、近年までクルド語の使用、クルド語による教育、音楽が禁止され、トルコ人として生活するように義務づけられてきました。

また、クルド人がくらす山岳地帯は、乾燥している中東のなかでは貴重な水にめぐまれ、石油も豊富に産出します。そのためトルコは、クルド人の独立をみとめようとしないのです。

トルコでのクルド人の独立運動は、1978年に結成されたPKK（クルド労働者党）によってはじまりました。1984年からPKKは武力による戦いに転じたため、トルコ政府はPKKをテロ組織に指定して消滅させようとしました。2013年、和解が成立しましたが、一部のPKKメンバーが国境地帯で反政府活動をつづけています。

クルド人がもっともだいじにする ネウローズ祭

日本では、1990年代からクルド人が入国しはじめました。その多くは埼玉県に住み、なかでも蕨市と川口市周辺には600人以上がくらしています。しかし、日本政府は難民としての申請を原則的に受けつけないため、人道上の理由から例外的に居住し労働することをみとめているのです。

クルド人の多くはムスリム（イスラーム教徒）ですが、イスラーム帝国に支配される前は、ゾロアスター教（→2巻10ページ）を信じていました。この宗教は火の神を信仰するもので、毎年3月におこなわれるクルド人最大の行事であるネウローズ祭（ノウルーズ祭）でも、かがり火がたかれるなかで、悪魔ばらいをしたり、歌ったり、おどったりします。このようにクルド人の宗教は、イスラーム（イスラーム教）とゾロアスター教が入りまじっています。ネウローズ祭は、春のおとずれを祝うとともに、圧政からの解放を願う祭りでもあります。

2017年3月、川口市でおこなわれた在日クルド人のネウローズ祭
日本でのネウローズ祭ではかがり火を使わない。

マハーバード（クルディスタン）共和国
第二次世界大戦中に、イラン北西部のクルド人が独立運動をおこし、1946年にソ連（いまのロシア）の支持のもとでイラン領内に共和国を建国した。しかし11か月後、ソ連軍がイランから撤退するとイランが攻めてきて共和国は消滅してしまった。

中東を勝手に切りわけたヨーロッパ

対立するアラブ人とユダヤ人への、イギリスの約束は、「二枚舌外交」といわれる

オスマン帝国最後の皇帝メフメト6世
第一次世界大戦が終結する3か月前に、第36代皇帝に即位。623年もつづいたオスマン帝国は、この皇帝の代でほろびた。

■反乱をおこさせたイギリス

1914年、ヨーロッパで第一次世界大戦がはじまりました。ロシアと関係が悪かったオスマン帝国は、イギリスやフランス、ロシアなどと戦うドイツに味方して参戦したのです。

オスマン帝国と戦争していたイギリスは、オスマン帝国に支配されていたアラブ人に対して、反乱をおこせばのちにアラブ人の国をつくると約束しました。そのいっぽうで、自分の国をもたないユダヤ人にも、アラブ人の住むパレスチナに国をつくると約束していたのです。

大戦中の1916年、イギリス、フランス、ロシアの3か国は、戦争が終わったあとのアラブ地域にいくつかの国をつくるサイクス＝ピコ協定をむすびました（→2巻32ページ）。サイクスは交渉にあたったイギリスの外交官の名前、ピコはフランスの外交官の名前にちなんでいます。

■地図上で引かれた国境線

第一次世界大戦後のアラブ人の国家を夢見て、イギリスの実現不可能な約束を信じてオスマン帝国に対して反乱をおこしたのが、メッカを支配していたフサイン太守でした。

戦後、太守はサウジアラビア西部にヒジャーズ王国をつくりましたが、イギリスやフランスの支持を得られず、王国はリヤド地方の首長イブン・サウードにうばわれてしまいます。1923年にサウードは現在のサウジアラビアの国王となり、そのかわりイギリスはフサイン太守の次男をヨルダンの国王に、三男をイラクの国王としました。

1924年にオスマン帝国が崩壊したあとのアラブ地域は、ほとんどがイギリスとフランスの管理地になりました。ヨーロッパの両大国が地図上に定規で引いたような、アラブ地域の細切れな国境線は現在までのこり、さまざまな問題を引きおこすことになったのです。

1914年時点のオスマン帝国

黒海　イスタンブル　オスマン帝国　カスピ海　地中海　バグダード　ペルシア湾　メディナ　リヤド　メッカ　アラビア半島　アラビア海　紅海　アフリカ大陸

現在の中東周辺の国境

トルコ　トルクメニスタン　レバノン　シリア　ヨルダン　イラク　イラン　アフガニスタン　イスラエル　リビア　エジプト　クウェート　パキスタン　サウジアラビア　バーレーン　カタール　アラブ首長国連邦　オマーン　スーダン　エリトリア　イエメン

3章 世界のなかの中東

Tolga Sezgin/Shutterstock.com

▲トルコ・シャンルウルファの難民キャンプ。約300万人のシリア難民がトルコへのがれた（→34ページ）。

中東の難民問題は、どうなっているの？

©SPL/PPS通信社

ゴムボートでギリシアへ向かうシリア難民。

●国民の多くが難民に

2011年9月にはじまったシリア内戦（→24ページ）は、史上最多の難民を生みだしています。難民とは、戦争や弾圧などの政治的理由で国内にいられなくなった人々のことです。

シリア難民ははじめのころは、アラブの周辺諸国のトルコ、レバノン、ヨルダン、イラク、エジプト、リビアなどへ脱出していましたが、やがてEU（ヨーロッパ連合）諸国へも大量におしよせたため、大きな国際問題になりました。

積極的に受けいれたのはドイツで、ほかの国々の多くは難民受けいれには消極的でした（→37ページ）。イギリスでは難民を受けいれたくないという声がたかまって、EUから脱退する原因のひとつにもなりました。

2017年の時点で、シリア難民は約560万人とされていますが、アラブの周辺諸国の受けいれにも限界がきて、国外に出られない国内避難民が660万人前後いるとされます。内戦前のシリアの人口は2250万人だったので、国民の半分以上が難民か国内避難民になってしまったのです。

シリア難民の国外脱出ルート

直接受けいれ
（送還数と同数の難民）

EU加盟国

ドイツ

全員送還

ギリシア

トルコ

シリア

地中海

シリア
難民約560万人

シリア難民は、図のようにギリシアに海から上陸し、ヨーロッパをめざした。小舟やゴムボートにおおぜいの難民が乗ったため、とちゅうで転覆して遭難することも多く、脱出は命がけだった。2016年、EU加盟国とトルコの合意により、シリア難民の受けいれをトルコがおこなうようになり、それと同じ数のシリア難民を直接トルコからEUへ送ることになった。

©Alamy/PPS通信社

シリア難民のなかには子どももたくさんいるのよ

難民キャンプで食料配給の列にならぶシリアの子ども。

国連難民条約
第二次世界大戦後にヨーロッパで発生した大量の難民を救うために、国連で採択した「難民の地位に関する条約」（1954年発効）と、そのほかの地域を対象とする「議定書」（1967年発効）を合わせた国際条約。日本は1981年に加盟した。

●第一次中東戦争以来の問題

第一次中東戦争は、1948年のユダヤ人のイスラエル建国に反対するアラブ諸国が、イスラエルに攻めこんだことでおこりました（→2巻36ページ）。この戦争では、ユダヤ人はイスラエルという国を守ることができましたが、そこに住んでいたおよそ100万人のアラブ人（パレスチナ人）は追放され、難民となってしまいました（→22ページ）。

パレスチナ難民の数は、ヨルダン川西岸やガザ地区に約200万人、レバノンに約55万人、ヨルダンに約200万人、シリアに約50万人の合計約500万人といわれています。

シリアにのがれていたパレスチナ難民のなかには、シリア内戦がおきたため、レバノンに逃げざるをえなくなった「二重難民」も、数多く発生しています。

●イランやパキスタンへの難民

イスラーム（イスラーム教）の教えでは、救いをもとめてきたムスリム（イスラーム教徒）は助けなければならないとされています。このような考えからイスラームの国々は、ムスリムの難民を積極的に受けいれています。

1979年12月からのソ連軍によるアフガニスタン侵攻（→10ページ）では、イランやパキスタンなどにおおぜいの難民がのがれていきました。イランは、1980～88年のイラン＝イラク戦争（→2巻42ページ）のあいだもアフガニスタン難民の受けいれをつづけていました。

アフガニスタン難民は、1992年にパキスタンから127万人、翌年にはイランから60万人など、2001年までに合計460万人が帰国しました。さらに、2002年以降はパキスタンから380万人が帰国しましたが、まだ約260万人が国外にのこっているとされています。

パレスチナ
難民約500万人

©Alamy/PPS通信社

パレスチナ難民キャンプは半世紀以上も前につくられ、難民は無国籍状態に置かれてくらしている。現在キャンプでくらす子どもたちは、4世代目。難民発生が「国連難民条約」（→左ページ下）ができる前だったため、国連パレスチナ難民救済事業機関（UNRWA）が救済活動をおこなっている。

パレスチナ人の難民キャンプ。

アフガニスタン
難民約260万人

©Alamy/PPS通信社

アフガニスタンの難民キャンプでくらす子どもたち。

パキスタンにいるアフガニスタン難民は約150万人で、そのうちの3割ほどが難民キャンプでくらしている。国連は難民の自主的な帰国事業を進めているが、政治が不安定で経済状況が悪いアフガニスタンでは、帰国難民を受けいれる余裕はないとされている。

○
国連難民高等弁務官になった日本人女性

「国連難民条約」（→左ページ下）にもとづき、1950年12月に難民問題の解決にあたる国連機関として設立されたのが、国連難民高等弁務官事務所（UNHCR）です。

そのトップである難民高等弁務官に就任した日本人女性が緒方貞子さんです。緒方さんは1990年から2000年までの約10年間、中東ではおもにアフガニスタン、さらにアフリカの難民問題にとりくみました。

©Alamy/PPS通信社

緒方貞子（1927～）
日本人女性が先頭に立って難民キャンプをおとずれて激励する姿は、日本はもとより世界じゅうから注目されました。

日本政府の難民受けいれ
日本政府は、難民の受けいれには消極的だ。2015年には、おもな先進国の難民認定者は申請者の5～77％だったのに対し、日本は0.6％のわずか27人だった。きびしすぎる難民認定を問題視する人も多く、最近は数をふやしはじめている。

欧米と中東の関係は、どうなっているの？

●産油量がふえ強気のアメリカ

　アメリカは、2014年まで約30年間、中東から石油を輸入していました。石油がはいってこなくなると、アメリカの経済は立ちゆかなくなるので、サウジアラビアやクウェートなど、中東の産油国とはよい関係をたもつようにしてきました。

　ところが、アメリカは2014年に世界最大の産油国サウジアラビアやロシアをぬいて、石油生産量で世界一におどりでました。これは、それまで不可能とされてきた岩のすきまにたまった石油（シェールオイル→下）の採掘技術が開発され、アメリカ国内での産油量が大量にふえたからです。

　それ以来アメリカは、中東の産油国に対して気づかいする必要がなくなり、中東諸国に向けて強気の発言をくりかえすようになりました。

　とくに2017年に就任したトランプ大統領は、就任早々シリア難民の受けいれの停止や、中東7か国出身者の入出国や国内移動の制限を指示しました。また、それまでユダヤ教やキリスト教、イスラーム（イスラーム教）の聖地とされてきたエルサレムを、イスラエルの首都とすると発言するなど（→23ページ）、これをみとめないパレスチナ人や中東諸国の人々との対立を深めています。

©Alamy/PPS通信社
アメリカのニューヨークでデモをするムスリム。

アメリカに住むムスリムは700万人といわれているよ

アメリカの中東に対する発言

アメリカ

トランプ大統領

シリア難民の受けいれは、無期限停止だ。

シリア、イラン、イラク、リビア、ソマリア、スーダン、イエメンの7か国の出身者は、入出国や国内の移動も制限する。
（2017年1月の大統領令より）

IS（イスラム国）を爆弾でふきとばす。

ムスリム移民の入国を禁止する。
（大統領選での演説より）

中東への影響力を強めているロシア

　ロシアのプーチン大統領は、19世紀のロシア帝国や20世紀のソ連など、「世界の大国」だった時代のロシアを取りもどそうとしているともいわれています。

　アジアとヨーロッパにまたがる軍事上の要所である中東への進出は、その一歩ととらえられています。それを証明するかのように、ロシアは、2014年にウクライナの領土の一部で、黒海につきでた海軍の要地クリミア半島を併合。シリア内戦（→24ページ）では、アサド政権を支援して中東進出への足がかりをつくりました。さらにシリアの隣国トルコとも関係を深めて、中東への影響力を強めています。

プーチン大統領

アメリカのシェール革命
地下1500m以下の頁岩の地層（シェール層）にふくまれる石油やガスを、効率よくとりだす技術革新をさす。アメリカには世界の推定埋蔵量の約6割のオイルシェールがあるとされ、今後300〜400年ぶんの国内使用量に相当するといわれている。

●ヨーロッパの中東移民問題

1960年代には、西ヨーロッパ諸国が経済発展したこともあり、中東からの移民や難民がふえました。なかでもフランスやドイツ、ベルギーなどは、中東の旧植民地や中東への玄関口のトルコから多くのムスリム（イスラーム教徒）移民を労働者として受けいれてきました。

とくにドイツは、第二次世界大戦中にホロコースト（→下）政策で多くのユダヤ人市民を殺害したことへのつぐないもあって、多くの移民や難民を引きうけてきたのです。

ヨーロッパでのくらしに根づいたムスリム移民は、世代交代が進むにつれて、人種差別や宗教差別、さらには貧しさに苦しめられることが多くなりました。移民の住む地域から外へ出ようとせず、なかに引きこもる若者も少なくありません。ムスリムの若者のなかには、キリスト教中心のヨーロッパ社会に対して強い反感をいだき、テロに走るものも出て、近年大きな問題になっています（→38ページ）。

●ムスリム人口の増加が課題

ヨーロッパ各国のムスリム移民の多くは、大都市に自分たちだけの居住地区をつくって住んでいます。それらの人々は、自分たちの共同体のなかで成長してムスリム同士で結婚し、貧しいながらも新たな家族をふやすという一生をくりかえしてきました。そのため、最近ベルギーやオランダなどで、ムスリム人口が急増してきました。

たとえば、ベルギーの首都ブリュッセルでは、人口の30％近くがムスリム住民とされています。オランダ最大の都市アムステルダムでは、人口約82万人中およそ24％をムスリム住民がしめるなど、主要都市でムスリム住民の人口比率が高くなっています。その結果、ムスリム居住地区では、貧困化や衛生環境の悪化などが進み、過激派組織のテロリストが生まれやすい環境になっているともいわれています。

ヨーロッパ主要国のイスラーム系移民の問題

フランス

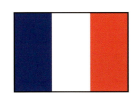

マクロン大統領

第二次世界大戦後の好景気時代に、ムスリムの労働移民を積極的に受けいれた。現在、ムスリム人口は500万人ともいわれ、総人口約6699万人のおよそ7％である。フランスは人口の約80％がカトリックとされ、ムスリムはプロテスタント人口をぬいて国内第二の宗教人口になっている。エマニュエル・マクロン大統領は、ムスリムの人口増加には批判的だ。

イギリス

メイ首相

植民地から多くの労働移民を受けいれてきた歴史をもち、首都のロンドンをはじめ国内各地にパキスタン、ナイジェリアなどのムスリム移民の共同体が存在する。ムスリム人口は約250万人で、総人口約6511万人の4％弱だ。テリーザ・メイ首相は、イギリスに移民がふえることには否定的な立場である。

ドイツ

メルケル首相

移民の受けいれには積極的で、国内のムスリム人口は約580万人。総人口約8245万人のおよそ7％だ。さらにムスリム人口は2020年までに4倍の2000万人になるという予測もあり、その対策が課題になるとされている。アンゲラ・メルケル首相は、移民や難民に対しては寛容な政策をとっている。

ホロコースト
アドルフ・ヒトラー率いるナチ党が、第二次世界大戦期におこなったユダヤ人の大量虐殺のこと。ヨーロッパ各地で約600万人が犠牲になったといわれる。世界大戦後、この事実が明るみになり、敗戦国ドイツはその罪をつぐなうことになった。

ヨーロッパでなぜ、テロがおきているの？

●続発するテロ事件

　近年、過激派を名のるグループによる国際テロ事件が、世界各地でおきるようになりました。とくに21世紀にはいってアメリカやヨーロッパ、ロシアでおきたテロ事件は45件をこえています。

　それを実行した過激派組織は、テロをキリスト教徒をはじめとする異教徒への正義の戦いとして、ジハード（聖戦→28ページ下）とよんできました。もともとイスラーム（イスラーム教）では、ジハードとはイスラームを広めるための努力を意味していました。

　しかし、11〜13世紀のイスラーム帝国と十字軍との戦い（→2巻21ページ）などを通じて、武力を使った領土防衛の戦いにもジハードという言葉が使われるようになりました。

　さらに、20世紀終わりごろから21世紀にかけて、アメリカやヨーロッパのキリスト教諸国が、中東でおきた湾岸戦争やイラク戦争、シリア内戦に武力で介入したのをきっかけに、アルカイダやIS などの過激派組織（→28ページ）が、ジハードをかかげて爆破テロ事件をおこすようになったのです。

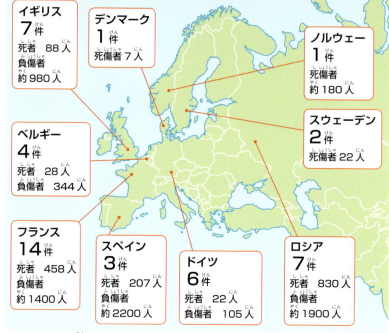

イギリス 7件	デンマーク 1件	ノルウェー 1件
死者 88人 負傷者 約980人	死傷者 7人	死傷者 約180人

ベルギー 4件		スウェーデン 2件
死者 28人 負傷者 344人		死傷者 22人

フランス 14件	スペイン 3件	ドイツ 6件	ロシア 7件
死者 458人 負傷者 約1400人	死者 207人 負傷者 約2200人	死者 22人 負傷者 105人	死者 830人 負傷者 約1900人

2001〜2017年にヨーロッパとロシアでおきたおもなテロ事件。

●罪のない市民が標的にされる

　最近、アメリカやヨーロッパでは、過激派組織に影響を受けた若者が、単独もしくは少人数でテロをおこなうローン・ウルフ型テロ（→下）がふえて、大きな問題となっています。こうしたテロ行為は、多くの市民の集まる広場や大通り、イベント会場、電車などの交通機関が標的（ソフト・ターゲット→右ページ下）とされます。一般市民を巻きぞえにすることで、多くの人々に不安をあたえ、おびえさせることを目的としているのです。

　しかし、このようになんの罪もない市民を標的としたテロは、ジハードどころか、平和をとうとぶイスラームの教えに背くものです。命をうばう行為は、人道上からしてもけっして許されることではありません。

ベルリン・クリスマスマーケット襲撃テロ事件
2016年12月19日、ドイツのベルリンでクリスマスマーケットに大型トラックが突入する事件がおきた。11人が死亡、56人が負傷した。犯人は、24歳のチュニジア人で、23日に警察官に射殺されたが、過激派組織IS との接点があったと指摘されている。

©Alamy/PPS通信社

ローン・ウルフ型テロ
ローン・ウルフとは、一匹オオカミという意味。単独でおこない、おもに自爆テロである場合が多い。近年は自動車を暴走させ、多くの死傷者を出すテロ事件もおきている。過激派の思想に影響を受けた若者が、はしりやすいといわれている。

●ヨーロッパに失望する若者

　ヨーロッパには、ムスリム（イスラーム教徒）の移民がたくさんいます。その多くは、アラブ世界から豊かなくらしや、よりよい教育をもとめて移住してきた人々です。そして、ヨーロッパで生まれ育った第2世代、第3世代のムスリムたちには、ヨーロッパ社会に同化しようとする気持ちが強くあります。

　しかし、キリスト教の価値観にもとづくヨーロッパ社会は、同化しようとするムスリムの若者をかんたんに受けいれてはくれません。人種差別、貧困、就職などで苦しむ若者はけっして少なくないのです。さらに近年は、ヨーロッパ諸国の経済不況で、移民の若者の失業率が高くなりました。

　そうした社会への失望感をいだいたムスリムの若者の、よりどころになっているのが宗教活動で、一部には過激な思想にそまり、テロに向かってしまう人もいるとされています。

移民の若者たちの社会に対する不満

人種差別

貧困

就職難

失業

慈善公演でテロに抗議をした　アリアナ・グランデ

　2017年5月22日、イギリス中部のマンチェスターでおこなわれた、アメリカの人気歌手アリアナ・グランデさんのコンサート会場の入り口付近で自爆テロがおきました。22人が犠牲となり、負傷者も59人にのぼりました。

　このテロ事件は若者や子どもをねらったものので、イギリス国内で批判の声がたかまりました。

　そうした声にこたえるように、グランデさんはふたたびマンチェスターで慈善公演をおこなうことを決意。6月4日に1万4000人を招待してコンサートが開かれたのです。

ステージに立つアリアナ・グランデさん。

©Alamy/PPS通信社

テロ事件の犠牲者に花をそなえる人々
コンサート会場周辺には花たばが置かれ、たくさんの市民が祈りをささげた。事件の犯人は22歳のリビア系イギリス人で、過激派との関係がうたがわれた。

子どもをねらうなんてひどいわ

ソフト・ターゲット
武器を持たない標的のことで、武器を持った敵はハード・ターゲットという。女性や子どもなどの、非力な人々に暴力をふるうことも意味する。イスラームでは、このような暴力はやってはならないときびしくいましめている。

中東地域以外では、世界にムスリムはどのくらいいるの？

Oscar Espinosa / Shutterstock.com

インドネシアにある東南アジア最大級のモスク「イスティクラル」
首都ジャカルタにある国立のモスクで、直径45mもある巨大な
ドーム内の礼拝所は12万人も収容できる。1984年に建造された。

●世界最多のムスリム人口国インドネシア

　世界のムスリム（イスラーム教徒）人口は約16億人、その6割以上にあたる10億人がアジアに住んでいるとされています（→3巻44ページ）。なかでもインドネシアは、総人口2億5500万人の9割近くをムスリムがしめ、世界でもっともムスリム人口の多い国です。しかも人口増加率が高く、2050年までには3億人を突破するとみこまれ、世界最多のムスリム人口は今後もつづいていくことになります。

　しかし、インドネシアは大小1万3000もの島々と300以上の民族からなる国のため、しばしば民族紛争の舞台になってきました。その対立をあおるように、過激派が東南アジアを新たな活動拠点とする動きもあります。観光地として有名なバリ島でも、2002年10月と2005年10月に、死者・負傷者あわせ500人以上を出す爆弾テロが発生し、日本人も3人が犠牲となりました。

日本にくらす
ムスリムは
10〜20万人と
いわれているよ

国連予測による2050年の世界人口
世界人口が70億人を突破したのは2011年。20世紀末には60億人だったので10年間で10億人ふえたことになる。このペースでいくと、2050年には97億人になると予測されている。いっぽう、少子化が進む日本は1億人をわりこむ。

●中国のムスリム自治区

中国は国民の大多数をしめる漢民族のほか、政府がみとめている少数民族が 55 あります。そして少数民族の自治区が 5 つあり、そのうちの寧夏回族自治区と新疆ウイグル自治区には、ムスリムがくらしています。

回族とは、中国でイスラーム（イスラーム教）を回教とよんだことにちなんでいます。つまり、回族という民族名は、ムスリムであることを意味しているのです。回族は中国全土にちらばっていて、中国のムスリムの半数ほどの 1000 万人いるとされます。

新疆ウイグル自治区のムスリムは、反政府の独立紛争をしばしば引きおこしたため、弾圧を受けています。

©UIG/PPS 通信社

中国のカシュガルにあるモスク
新疆ウイグル自治区にあるカシュガルは、古くから東西交易路シルクロードの要所として栄えた。人口の大半をムスリムのウイグル人がしめる。

●ムスリム労働者が流入するロシア

中東と地つづきのロシアには、イスラーム教国との戦争による併合と分離をくりかえしてきた長い歴史があります。

ロシア帝国時代はロシア正教（ロシアのキリスト教）とイスラームとの対立、ソ連時代はイスラーム教国との対立と、宗教戦争がつづきました。1990 年代以降は、イスラーム系住民が多いチェチェン共和国が独立紛争をおこしたり、モスクワ市内で過激派のテロ事件がおきたりしたため、ロシア人の反イスラーム感情がたかまりました。

近年、主要都市では、外国人労働者の流入とともにムスリムが急増しています。

Ari Konovalov/Shutterstock.com

ロシアのカザンにあるクルシャリフ・モスク
ロシア連邦タタールスタン共和国の首都カザンにある。2005 年にカザン市 1000 周年にあわせてつくられた。

●ムスリムも急増中のアフリカ

アフリカ大陸は、北部の国々がのきなみムスリム人口のしめる割合が圧倒的に高いのが特徴です。

これはウマイヤ朝、アッバース朝（→2 巻 15 ページ）にはじまるイスラームの国によって、北アフリカがイスラーム化したためです。やがてサハラ砂漠をこえた交易によって、中央部や南部にもムスリムがふえました。

いまアフリカの大問題とされるのが、爆発的な人口増加です。国連の試算では、2050 年には世界人口の 5 人に 1 人がアフリカ生まれという時代がくるといわれています。しかも人口の 5 割がムスリムという現状から考えると、約 30 年後にアフリカのムスリム人口は 10 億人に達することになります。

Attila JANDI/Shutterstock.com

泥でできたジェンネの大モスク
西アフリカのマリ共和国のジェンネ旧市街は世界文化遺産に登録されている。15〜16 世紀にイスラームの布教の中心地になり、大モスクがたてられた。2016 年、不安定な政治状況から危機遺産となってしまった。

インドのムスリム人口
インドは、インドネシアのつぎにムスリム人口の多い国で、約 1 億 6000 万人のムスリムがいる。しかし、インドの総人口約 13 億人からすると 1 割ほどと少数派。インドでは国民の 8 割がヒンズー教徒となっている。

日本はいま、中東とどんな関係なの？

輸　入

●燃料を中東にたよる日本

　世界の原油（石油）生産の約4割、液化天然ガス生産の約2割をしめる中東は、エネルギー資源の宝庫です。日本はサウジアラビア、アラブ首長国連邦、カタール、イランなどから原油や液化天然ガスを輸入しています。原油は日本国内で必要な量の約8割、液化天然ガスは約3割を中東諸国にたよっているのです（→4巻38ページ）。

　中東の原油価格をきめているのがOPEC（→下）で、中東諸国の政治的不安定さは日本にも大きな影響をあたえます。2011年3月の東日本大震災にともなう原発事故以来、日本は電力を火力発電でおぎなわなければならなくなり、中東の燃料への依存をますます強めています。

　このような意味でも、日本は中東情勢の変化をふまえた人道支援、和平支援、復興支援、産業育成支援など、よりいっそうの外交努力が必要とされています。

写真提供：共栄タンカー株式会社

中東から原油を運ぶ
タンカー
日本には年間で約3400隻のタンカーが、ホルムズ海峡（下の図）を通って中東の産油国から原油を運んでくる。

ホルムズ海峡
ペルシア湾とオマーン湾のあいだにある海峡で、もっともせまいところは幅が約33kmしかない。ペルシア湾沿岸の産油国から原油を運びだすために、タンカーはこの海峡を通らなければならない。

輸　出

●輸出品の上位は自動車関連

　日本が中東へ輸出している上位3品目は、自動車、鉄鋼、タイヤなどのゴム製品です。いずれも自動車関連の輸出品ということになります。

　中東諸国では、一般的に日本の技術力が高く評価されています。その象徴ともいえるのが、日本製の自動車です。日本車は燃費効率がよく、安全性が高いとされています。

　また、砂漠地帯などでは、古くても性能がよく、故障も少ないという理由から、日本の中古車がよく使われています。

　日本の海外への中古車輸出台数のトップは、アラブ首長国連邦で、2016年時点で年間約15万台にのぼります。

Olga Vasilyeva/Shutterstock.com

ドバイの街を走る日本製の自動車
アラブ首長国連邦を構成する首長国のひとつのドバイ首長国は、産業の多角化を積極的に進めている。最大都市であるドバイには、超高層ビルや高級ホテル、別荘がたちならび、中東でもっとも近代的な街とされる。

OPEC（石油輸出国機構）
1960年に設立された原油輸出国の権利を守る国際組織。加盟国は中東のペルシア湾岸ではイラク、イラン、クウェート、サウジアラビア、カタール、アラブ首長国連邦の6か国で、ほかにアフリカ4か国などの計14か国で構成されている。

ODA（政府開発援助）

●インフラ整備に貢献

　ODAとは、日本政府が開発途上国に対して開発のための資金援助をする国際協力活動のことです。これにはもうひとつ、日本企業の海外進出をうながすという目的もあります。

　中東での日本政府によるODAは、おもにイラク、エジプト、トルコで、人々の生活に必要な施設やサービスをつくるインフラ整備事業をおこなっています。

　イラクではバスラ製油所改良計画やクルド地域下水処理施設建設計画、エジプトではカイロ地下鉄整備計画、トルコでは第2ボスフォラス橋ともよばれるファーティフ・スルタン・メフメト橋の建設などです。

　しかし、政治が不安定な中東諸国でのODAは、まだまだ限定的なのです。

1988年に完成したファーティフ・スルタン・メフメト橋
黒海と、地中海につづくマルマラ海のあいだのボスフォラス海峡にかかる、自動車専用橋。

ボスフォラス海峡は古代からヨーロッパとアジアをむすぶ交通の要所だよ

人工衛星から見たボスフォラス海峡
海峡はもっとも広い地点でも3.7km、もっともせまい地点は800mしかない。両岸はトルコのイスタンブルに属する。

黒海

ファーティフ・スルタン・メフメト橋

マルマラ海

日本が提供した技術　シールド工法で掘ったトンネル

　ボスフォラス海峡には海底トンネルがあり、海峡横断地下鉄が走っています（→4巻46ページ）。海底トンネル構想はオスマン帝国時代からありましたが、日本の資金や技術の提供で、構想から150年目の2011年に実現しました。

　日本が提供した技術は、シールドマシンによる工法です。マシンの超合金の刃先は、かたい岩盤をくだくパワーがあります。東京湾アクアライン建設や地下鉄工事で活躍しているシールド工法は、日本の技術力の高さを示しました。

トンネル内のシールドマシン。

「日本―エジプト友好橋」とよばれるスエズ運河架橋
アフリカとシナイ半島、アジアをむすぶ架け橋で、長さ9km、高さ70m。工事は日本が6割、エジプトが4割を担当して6年がかりでおこなわれ、2001年10月に完成した。現地ではこの橋の別名を「日本―エジプト友好橋」としている。

被災地支援

نقدّر كثيراً دعم دولة الكويت

We greatly appreciate the support from the State of Kuwait.
クウェート国からのご支援に感謝します。

クウェートの支援で購入した三陸鉄道の車両
岩手県では、支援の一部を三陸鉄道の復旧や新車両の購入にあてた。ホームにはクウェートへの感謝をつたえるプレートが設置され、アラビア語や英語で「クウェート国からのご支援に感謝します。」と書かれている。

©Alamy / PPS通信社

東日本大震災の被災地をはげますパレスチナのガザ地区の「たこあげ大会」
大会会場は岩手県釜石市とインターネットでむすばれ、日本の子どもとの交流がおこなわれました。

●被災地へのはげまし

2011年3月11日におきた東日本大震災では、中東諸国から緊急支援物資や寄付金、医療支援などが寄せられました。イスラーム（イスラーム教）の国では、喜捨（→下）の精神が根づいているため、日本の被災者に対してすぐに手をさしのべました。

支援を表明したのは、アフガニスタン、アラブ首長国連邦、イスラエル、イラク、イラン、オマーン、カタール、クウェート、サウジアラビア、トルコ、バーレーン、パレスチナ自治政府、ヨルダンなどでした。

なかでもトルコは支援・救助隊を、イスラエルとヨルダンは医療支援チームを派遣しました。クウェートは原油500万バレル、当時の価格で400億円ほどを提供しました。また、サッカーボールの生産地であることから、クウェートが240個、バーレーンが123個をそれぞれ被災地に贈りました。

また、パレスチナのガザ地区では、2012年から毎年、被災者をはげます「たこあげ大会」をおこなっています。2017年には約1000人の子どもたちが参加して「ガザは日本を愛している」などと英語で書いた洋だこを青空高くあげました。

写真提供：七ヶ浜町

トルコの支援・救助隊
隊員32人が20日間、宮城県石巻市、多賀城市、七ヶ浜町で救助活動やがれきの撤去作業にあたった。

イスラームではこまった人を助けなさいと教えてるよ

イスラームの喜捨
イスラームの基本的な実践（五行→3巻10ページ）のひとつで、ザカートともいう。喜捨とはもとは仏教のことばで、仏や僧に金品をささげる（捨は、ほどこすという意味）こと。イスラームの喜捨は、こまっている人に金品をほどこすことである。

●カタールと共同で制作 (きょうどう せいさく)

　ＮＨＫの科学番組「大科学実験」は、カタールのアル・ジャジーラ子どもチャンネルと共同で制作されました。アル・ジャジーラ（→ 17 ページ）は、国をこえたアラブ民族の連帯をかかげ、「貧しさから過激なグループに巻きこまれテロをおこしてしまう者がいる。それをくいとめるには教育しかない」という強い理念のもと、すぐれた科学教育番組をつくってきたＮＨＫに共同制作を申し出ました。

　肌をなるべく出さないなど、イスラーム教国との共同制作ならではの苦労はありましたが、日本だけでなく世界じゅうで放送の権利が売れるなどして、大人気となりました。いまでもＥテレとインターネットの有料配信で視聴することができます。

実験のひとつ「空とぶクジラ」
全長 50m のビニール製のバルーンを太陽光であたためて、人を持ちあげることができるか、に挑戦し、大成功。NHK と NHK エデュケーショナル、アル・ジャジーラ子どもチャンネルの 3 社共同制作だ。

シリア人留学生が訳す『キャプテン翼』

　日本でも大人気のサッカー漫画『キャプテン翼』（高橋陽一 作／集英社）は、アラビア語版も刊行されています。

　翻訳したのは、シリアのダマスカス大学を卒業後、東京外国語大学へ留学しているシリア人のカッスーマー・ウバーダさんです。中東に支店をもつ日本の書店から依頼されたウバーダさんは、シリアでの少年時代に「キャプテン翼」のアニメに夢中になっていたこともあり、喜んで引きうけました。翻訳された漫画は、日本の出版社から国際機関などを通じて、シリア難民のキャンプなどへ寄付されました。

　ウバーダさんは「難民の子どもたちに、主人公の翼のように夢をもって努力するすばらしさを伝えたい」と、全 37 巻の翻訳をつづけています。

日本の漫画が、中東の子どもたちにも読まれているのね

『キャプテン翼』
アラビア語版
（高橋陽一 作／
紀伊國屋書店）

資料提供：紀伊國屋書店

中東の若者にブームの日本のアニメとコミック
中東でも日本のアニメーションは、1980 年代からテレビで放送されているが、2000 年代からはインターネットの普及で爆発的なブームとなっている。また、コミックをあつかうアラブ諸国の書店もふえている。

ムスリムとわたしたちのこれから

リオデジャネイロ大会での難民選手団
中央左のブレザーを着た女性が、シリア難民として出場したユスラ・マルディニさん。難民選手団には、アフリカのコンゴ民主共和国、エチオピア、南スーダン出身の難民の選手も参加していた。

■一人でもできることへの挑戦

　2020年には、東京オリンピック・パラリンピックが開催されます。ドイツに住む女子競泳選手のユスラ・マルディニさんは、その出場権を獲得するために練習にはげんでいます。彼女は2016年のリオデジャネイロ大会に、史上初の難民選手団10名の一人として参加をしたのです。彼女はシリアで難民になり（→34ページ）、ドイツに移住して競泳選手になりました。そして、難民の代表としてオリンピックに参加できたことを誇りにし、難民の存在を世界が忘れないようにふたたびオリンピックに挑戦しようとしています。

　史上最年少でノーベル平和賞を受賞したパキスタンのマララ・ユスフザイさんのことばのように、「一人」でもできることがあるのです（→13ページ）。有名無名は関係なく、「一人」に関心をもつことが、その背景にある全体を正しく理解する第一歩といえます。それには、その人が育った環境（→4巻）、出身国の歴史（→2巻）、くらしぶり（→3巻）を知ることが、とてもたいせつになります。

働くイラクの少年

■おたがいのちがいを知ってみとめる

　欧米の文化になじんでいる日本人のなかには、ムスリム（イスラーム教徒）の文化や宗教的な制約は異質で理解できないという人がいます。育った環境がちがえば、考え方や習慣がちがって当然です。

　イスラーム（イスラーム教）の聖典『クルアーン（コーラン）』は、「どこに住んでいようとも、その地の人たちのためになる行動をとりなさい」と説いています。ここからも、ムスリムが平和をのぞむ人々であることがわかります。思いやりの心で接すれば、ムスリムの人々もきっとそれにこたえてくれるはずです。

　中東では戦争が、子どもたちから教育の場をうばいました。子どもたちが教育を受けられないために、ものごとを解決するには武力しかないと考える大人になってしまうのではないかと、心配する人もいます。じっさいに、子どもを働かせないと生活ができない貧困家庭が中東には多いのです。

　このような環境や文化、そして宗教のちがいを知ったうえで、人としての心は同じということをみとめることが、ムスリムの人々と仲よくしていくために必要です。

反戦をうったえるアラブ人の少女

自分ができることはなんだろう

さくいん

監修

宮田律 みやた おさむ
現代イスラム研究センター理事長。1955 年山梨県生まれ。1983 年慶応義塾大学大学院文学研究科修士課程修了。カリフォルニア大学ロサンゼルス校（UCLA）大学院歴史学科修士課程修了。専攻は、イスラム地域研究、国際関係論。著書に『トランプが戦争を起こす日』（2017 年／光文社）、『イスラム唯一の希望の国　日本』（2017 年／PHP研究所）、『ナビラとマララ』（2017 年／講談社）など多数。

協力

現代イスラム研究センター

執筆
安部直文
戸松大洋（ハユマ）
偕成社編集部

キャラクターイラストレーション
ミヤタジロウ

イラストレーション・地図
高橋正輝
酒井真由美
ハユマ

校正・校閲
鷗来堂

組版 DTP
ニシ工芸

編集・制作
安部直文
戸松大洋・小西麻衣・原口結・佐藤朝子・武田佳奈子（ハユマ）

写真協力
アフロ、石巻市社会福祉協議会、ＮＨＫエデュケーショナル、紀伊國屋書店、共栄タンカー、七ヶ浜町、集英社、中司達也、日本クルド友好協会、PPS 通信社、読売新聞社、陸上自衛隊、NASA、Shutterstock

Q&A
で知る
中東・イスラーム
1

なにがおきてる？
現代の中東ニュース

発　行／2018 年 3 月　初版 1 刷

発行者／今村正樹
発行所／偕成社
〒 162-8450 東京都新宿区市谷砂土原町 3-5
Tel:03-3260-3221［販売］03-3260-3229［編集］
http://www.kaiseisha.co.jp/

装丁・デザイン／岩郷重力 +WONDER WORKZ。
印刷／大日本印刷
製本／東京美術紙工協業組合

48p　29cm　NDC167 ISBN978-4-03-705110-5
©2018, KAISEI-SHA　Published by KAISEI-SHA. Printed in Japan.
乱丁・落丁本はおとりかえいたします。
本のご注文は電話・ファックスまたは E メールでお受けしています。
Tel:03-3260-3221　Fax:03-3260-3222　e-mail:sales@kaiseisha.co.jp

おもな参考文献
『明解世界史図説エスカリエ』（帝国書院）／安部直文『世界がわかる資源データブック』（第三文明社）／池上彰『高校生からわかるイスラム世界』（ホーム社）／インターナショナルワークス編『どこで？ なぜ？ 一目でわかる世界紛争地図』（幻冬舎）／木下顕伸『ISIS と戦う』（愛育社）／柴宣弘『地図で読む世界史』（実務教育出版）／ジョン・L・エスポジト、山内昌之監訳『イスラーム世界の基礎知識』（原書房）／21 世紀研究会編『新・民族の世界地図』（文春新書）／宮崎正勝『中東とイスラーム世界が一気にわかる本』（日本実業出版社）／宮田律『世界を標準化するイスラム過激派』（KADOKAWA）／宮田律『激変！中東情勢丸わかり』（朝日新書）／宮田律『中央アジア資源戦略』（時事通信社）／宮田律監修『日本人が知っておきたい中東アラブ 25 ヵ国のすべて』（PHP 文庫）など

年表で見る中東　米ソ冷戦時代からアメリカ一極時代へ

第二次世界大戦後、イギリスやフランスにかわって、アメリカとソ連（いまのロシア）が対立しながらも、中東に大きな影響をあたえるようになりました。1948年から1973年まで4回にわたる中東戦争は、アメリカの支援を受けたユダヤ教国イスラエルとイスラーム勢力の戦争でした。また、1979年のアフガニスタン内戦は、宗教をみとめないソ連などの共産主義勢力とアメリカやイスラーム原理主義勢力の戦いとみることもできます。

しかし、1991年の湾岸戦争やソ連崩壊後の2003年におきたイラク戦争のころからは、アメリカが中東に対して直接攻撃することが多くなりました。そのため、最近十数年間アメリカに対するイスラーム勢力の反感がたかまり、そのすきをつくように各地でイスラーム原理主義勢力や過激派組織による内戦やテロ事件がつづいています。

年・月	できごと
1948年 5月	イスラエルがパレスチナで建国宣言。これに反発したアラブ系諸国がイスラエルを攻撃（第一次中東戦争）。
1956年 7月	エジプトがスエズ運河の国有化を宣言。これをきっかけに、第二次中東戦争がおこる。
1964年 5月	パレスチナ解放機構（PLO）が結成され、イスラエルに対するゲリラ闘争を開始。
1967年 6月	軍事力を強化したイスラエル軍が周辺諸国を侵攻。ゴラン高原やシナイ半島などを占領（第三次中東戦争）。
1970年 9月	ヨルダン王国が、PLOが王政打倒に向かうのを恐れ、その拠点となる難民キャンプを攻撃。
1973年 10月	エジプト軍やシリア軍が、イスラエルに占領されたシナイ半島やゴラン高原などを攻撃（第四次中東戦争）。
1979年 2月	石油利益を独占するイラン皇帝に対して国民が反発し、イラン革命をおこす。（→2巻40ページ）
3月	アフガニスタンで共産主義勢力とイスラーム勢力が反乱。
12月	共産勢力支援のソ連がアフガニスタンへ侵攻（→10ページ）。
1980年 9月	イランのシーア派革命の影響を恐れたイラクが国境をこえ、イランを侵攻（イラン＝イラク戦争→2巻42ページ）。
1987年 12月	イスラエルへのパレスチナ民衆の武器をもたない抵抗に世論の同情が集まり、和平への動きがたかまる。
1988年 12月	PLOのアラファト議長が、イスラエルとパレスチナの「二国家共存」をよびかける。
1990年 8月	長年のイラン＝イラク戦争で財政難におちいったイラクが、石油獲得のためクウェートに侵攻（→2巻44ページ）。
1991年 1月	イラク・クウェート間で湾岸戦争がはじまる。クウェートからの撤退を拒否するイラク軍に対し、アメリカはじめ多国籍軍が空襲。これをイスラームへの敵対とみたイスラーム原理主義勢力がテロ攻撃を開始（→2巻44ページ）。
1993年 9月	ノルウェーの仲介でPLOとイスラエルの和平交渉がおこなわれ、オスロ合意でパレスチナ暫定自治協定がむすばれる。翌年パレスチナにパレスチナ自治政府ができる。
1996年 1月	PLOのアラファト議長が、初代パレスチナ自治政府長官に就任する。
8月	アルカイダの指導者オサマ・ビンラディンがアメリカに対して宣戦布告。
1998年 8月	ケニアのナイロビとタンザニアのダルエスサラームで、ほぼ同時にアメリカ大使館爆破テロ事件がおこる。
2001年 9月	アメリカ各地で同時多発テロ事件がおこる。（911同時多発テロ→8ページ）
10月	911同時多発テロの容疑者ビンラディンの引きわたしをこばんだとして、アメリカがアフガニスタンを報復攻撃。アフガニスタン戦争がはじまる（→12ページ）。翌年タリバン政権が崩壊。アフガニスタン、内戦へ。
2003年 3月	アメリカ軍とイギリス軍がイラクのフセイン政権が、大量破壊兵器をもっているとして、イラクを武力攻撃して、イラク戦争をはじめる。4月には首都バグダードを制圧する。（→14ページ）
5月	アメリカのブッシュ大統領、イラクでの大規模戦闘終結宣言。
12月	アメリカ軍、イラクのかくれがでサダム・フセインをとらえる。（→15ページ）
2004年 3月	日本の陸上自衛隊と航空自衛隊が次々にイラクに到着。
4月	イラクのサマーワの自衛隊キャンプ地に砲弾が着弾。ほぼ同時に日本人3人が武装勢力に連れさられる。
10月	フセイン政権崩壊後の混乱のすきをついて、イラクのアルカイダを名のる過激派組織ISIL（ISの前身）が誕生。
11月	パレスチナ自治政府長官のアラファトが死亡する。
2005年 1月	アラファトのあとをついで、PLO主流派ファタハの議長アッバースがパレスチナ自治政府大統領に就任する。